◎ 周和平　主编

文津演讲录

WEN JIN YAN JIANG LU

之九

讲座丛书
第一编

图 国家圖書館出版社

图书在版编目(CIP)数据

文津演讲录之九 / 周和平主编. —北京:国家图书馆出版社,2010.10

ISBN 978-7-5013-4423-9

Ⅰ.①文… Ⅱ.①周… Ⅲ.①社会科学—文集 Ⅳ.①C53

中国版本图书馆 CIP 数据核字(2010)第 187327 号

责任编辑:李强

书 名 文津演讲录之九

著 者 周和平 主编

出 版 国家图书馆出版社(原北京图书馆出版社)

   (100034 北京市西城区文津街 7 号)

发 行 010 - 66139745 66151313 66175620 66126153
      66174391(传真) 66126156(门市部)

E - mail cbs@nlc.gov.cn(投稿) btsfxb@nlc.gov.cn(邮购)

Website www.nlcpress.com→投稿中心

经 销 新华书店

印 刷 河北三河弘翰印务有限公司

开 本 880×1230(毫米) 1/32

印 张 7.5

版 次 2010 年 10 月第 1 版 2010 年 10 月第 1 次印刷

字 数 200 千字

书 号 ISBN 978-7-5013-4423-9

定 价 25.00 元

前　言

　　国图古籍馆,曾经被众多的读者亲切地称为"老北图",在 20 世纪 50 年代,就因成功地举办学术讲座而为社会各界人士所称道,老舍等一代文化巨匠都曾作为这里的主讲人传道授业、答疑解惑。2001 年新年伊始,国家图书馆分馆(现古籍馆)为继承"老北图"的优良传统,为适应知识经济时代对图书馆扩展文化功能,全方位、多角度传播文化信息的客观要求,举办了以传播中华传统文化为主旨的名人系列讲座。昔日曾亲身聆听老一辈学界泰斗教诲的莘莘学子,如今也作为各学界的骄子走上这神圣而庄重的讲坛。

　　数年来,我们举办了文史、政经、音乐、美术等系列讲座数百场,听众数万人次。从他们渴望的目光里,我们感到了肩上的重任;从他们满意的笑容中,我们感到了由衷的欣慰。许多专家学者和读者通过讲座,成了图书馆的朋友,他们对我们的工作提供了可贵的指导和无私的帮助,而更多的人则经此渠道记住了国家图书馆,记住了国家图书馆古籍馆。这是对我们工作的最大的褒奖。

　　为了感谢各界朋友的支持,我们选出部分讲座内容,汇集成册,系列出版,给主讲人和听讲者一个留念,给不巧未曾听讲者一份补偿,也给我们的工作一个小小的总结。

　　所选讲稿,主讲人多为年近古稀的学界名流、文坛泰斗。他们用毕生心血,焚膏继晷,皓首穷经,故而成绩斐然,蜚声士林。当然,这里所选的部分,并不能代表更不能涵括讲座的全部内容,而且我们自己所做的努力,在全面提高中华民族的文化水平这一宏伟大业面前,也显得微不足道。但我们坚信,只要我们锲而不舍、矢志不渝,在中国文化事业的发展史上,将会留下我们的探索足迹。

编者

目 录

厉以宁

当前宏观经济中的几个问题

　　厉以宁,教授、博士生导师。江苏仪征人。
1951年考入北京大学经济学系,1955年毕业后留校工作至今。现为北京大学社会科学学部主任,北京大学光华管理学院名誉院长、博士生导师。第七、八、九届全国人大常委,第七届全国人大法律委员会副主任,第八、九届财经委员会副主任,第十、十一届全国政协常委、经济委员会副主任。代表作有《论加尔布雷思的制度经济学说》、《关于经济问题的通信》、《社会主义政治经济学》、《经济学的伦理问题》等。

一、"流动性偏大"

现在报上经常用"流动性偏大"这个词。我在读大学的时候，五十年代初吧，我的老师讲课的时候，他们不用"流动性偏大"这个词，因为这是从外国直接翻译过来的，大家看不懂。当时用的什么字词？用的就是"银根松了"、"银根紧了"。"流动性偏大"就是"银根松了"，"流动性偏紧"就是"银根紧了"，当时都用这个词。那么"银根"怎么会"松了"呢？"流动性"为什么会"偏大"呢？主要是由两个方面的原因造成的，也就是说"流动性偏大"包含两个内容：一是货币供应量过大，另一是资本的过剩。

货币供应量过大主要是以下三个原因造成的：

第一，投资规模偏大、银行信贷偏多，所以货币投放就多了。第二，"外汇储备占款"过多。什么叫"外汇储备占款"过多？大家都知道，中央银行的外汇储备来自企业出口创汇，创汇以后根据国家的规定，把外汇卖给中央银行，中央银行则把人民币交到企业手里。比如说 1.5 万亿美元的外汇储备，就意味着有 10 万亿左右的人民币投进了市场，所以就形成市场上的货币太多。第三，银行存款利率偏低。因为银行存款利率偏低，在物价上涨的情况之下，实际上是负利率。既然是负利率下，大家就不愿意存款，甚至还取出存款，这样,市面上的货币就多了。

资本过剩主要是以下两个原因造成的:

第一,外资热钱纷纷流入中国。外资热钱怎么会纷纷流入中国呢?因为等待人民币升值。所以他们就感觉到,迟来不如早来。来了以后干吗呢?买股票、买房子、买国内的各种资产。

第二,就是民间资本苦于没有出路。民间资产不知道往哪个行业投资能赚钱,一会儿北上山西炒煤去了,一会儿南下广东、上海、杭州买房子去了,一会儿涌入上海、深圳炒股去了,反正就这样来回转。

"流动性偏大",跟通货膨胀有关系,但还不直接等于通货膨胀。货币供应量多了,物价就会上涨;资本过剩了,资产价格会上涨。所有这些都对通货膨胀形成了压力。中国最近的政策很清楚,把重点放在防止经济过热之上。如果再不控制投资,不控制银行信贷,那么通货膨胀,不仅是个压力了,而会成为一个现实问题。那么究竟应当采取什么措施呢?要根据造成"流动性过大"的不同原因来采取措施。

先谈货币供应量过大的问题。如上所述,货币供应量过大是三个原因造成的,需要对症下药。

第一个原因是投资规模过大、信贷偏多、人民币投放太多,所以国家抽紧货币政策。货币政策的抽紧表现于存款准备金率和贷款利率的上升。存款准备金率是什么?就是说,银行贷款是吸收存款后的贷款。比如说吸收了 100 亿元存款,那么 100 亿元不能全贷出去的,要留存款准备金。比如说假定留 8% 的存款准备金,那就是说,8% 的存款不能动,能贷款的最高限额是 92 亿元。存款准备金率越提高,可贷出的货币的数量就越少。这是针对信贷规模过大采取的措施。但光限制贷款还不够，所以国家还把好土地这一关，因为任何贷款搞建设，必需有地，盖工厂、盖房子，所用的土地都要严格审批，没有经过审批的建设一律是违法的，要受处分，缴罚金，等等。土地这一关把住了，然后贷款关再把住，用以抑制投资规模过大、信贷过多的势头。

第二个原因是外汇储备占款过多。这个问题放在下面谈汇率制度改革时再谈。

第三个原因是存款利率太低。首先要降低利息税，原来利息税是20%，现在降到5%。这就是鼓励大家存款，等于提高了存款利率一样。现在经济学界有些人反映，干吗还保留5%？利息已经是负的了，没必要还保留5%的利息税。但是另外有人说，利息税多少得抽一点，这是给老百姓一个概念：你得有纳税意识，哪怕降到1%，也要抽。这是两种意见，但是主张取消利息税的为多。

针对资本过剩，主要采取两方面的措施。

一是针对外资热钱源源不断流入中国而采取的措施。这个也放到下面讲汇率制度改革时再讲。

二是如何解决民间资本过剩和苦于没有出路的问题。这不仅仅是宏观调控的问题，而是一个深化金融体制改革的问题。因为在当前的中国，两种现象是并存的，一种现象是民间资本苦于找不到出路而到处游荡，可是也有另外一个现象，就是中小企业融资难，借不到钱。现在两种现象并存，能不能把多余的资本引导到解决中小企业的融资问题方面来？这就要靠深化金融体制的改革。国家正在采取一些措施。比如说，允许成立资本金较少的乡镇银行，并把民营资本吸引到这方面，解决农村的、小城镇的小企业和个体工商户的贷款问题。

又如，还试点成立一些只贷不存的金融机构。什么叫只

5

贷不存呢？举个例子说啊，咱们10个人，每人出100万元，凑成资本1000万元，成立一个金融机构，但不能吸收存款，只能够放款，靠这1000万元放，放完为止，收回了再放，收不回就自己倒霉。它靠收取利息来维持。这种做法是跟一般金融机构的道理不合的，因为金融机构应当有存有贷，没有存款怎么贷款呢？但由于害怕"乱集资"，由于害怕收了老百姓的存款，放出去的贷款收不回，所以就允许成立这样一种只贷不存的金融机构。

再如，允许民间资本成立金融担保公司。因为中小企业贷款难。贷款难，原因何在？银行说中小企业没有担保，没有东西可抵押，所以得有机构给他们担保。现在有各种担保方式，如担保基金、政府担保，还有更重要的是允许民间资本成立担保公司，由担保公司替中小企业作担保，这种民间资本的担保公司对小额贷款发放非常有用。

上述这些正在试点的措施是有效的，但力度显然不够。现在经济学界呼吁最多的，说这些机构还不能解决大问题。解决大问题，应该大量成立民营的、地区性的中小银行。这个在其他国家有，假定成立了一些民营的地区性中小银行，就可以把民间多余的资本引到这边来，解决融资难的问题。

二、结构性的货币调控

要知道，货币政策的特点是"总量调控"。什么是"总量调控"？就是指全国按一个标准来提高或降低存款准备金率、基准利率或信贷规模，只管总量，不区分结构。"总量调控"容易犯一刀切的毛病。因为地区情况不一样，行业情况不一样，所以有副作用。比如说，在"总量调控"之下，西部地区受影响大，所以西部老在叫："东部已经发展了，来一个一刀切,这个刀,下去了切了东部的尾巴,西部刚在往前爬,一刀下来岂不把头或腰切断了?"

经济学界建议货币政策能否实行"结构性货币政策"。"结构性货币政策"是什么意思呢? 就是说,国家可以有总量的调控,但要具体落实到结构性方面来,按地区有不同的存款准备金率,按行业跟地区有不同的贷款利率。

现在人们关心的问题是,物价会不会继续上涨。我们说了,必须对当前的物价上涨有清楚的认识。国内投资规模过大,我们可以控制。把好土地这一关,严格审批土地,然后银行贷款紧缩。关于物价是否继续上涨,有两个因素我们控制不了。一个因素是国际石油价格上涨。国际石油价格这一两年猛涨,我们控制不了。中国是一个石油进口国,我们大概每年有 40% 的石油是靠进口的。另一个因素,国际国内粮食价格上涨。国际粮价上涨,尤其是饲料价格上涨,与供给不足有关。饲料主要是玉米,这跟石油价格上涨也有关系。石油价格上涨后,一些国家感到把玉米拿去生产酒精,掺到石油里烧,这样赚钱多,于是玉米价格就上涨了,玉米成为全世界的紧缺商品了。这样引起的粮价上涨、饲料价格上涨,是我们控制不了的。国内粮价上涨,可能是由于自然灾害,我们可以抗旱抗洪,减少损失,但无法避免因天灾严重而导致的粮食供给量下降的情况。

那么,我们能够做到什么呢? 能否国内限制物价,比如不让石油价格上涨。但这只是暂时性措施,不能持久。为什么不能持久呢? 国际上石油价格都上涨了,如果中国的石油价格限价,不准上涨,结果外国航空公司的班机到了北京以后油箱都是空的,在中国加满了油走,因为中国石油便宜。所以,死控制住石油价格是不行的。

2007 年以下的物价上涨中,猪肉价格首当其冲。猪肉价格上涨,不是短期内能够平抑下来的。为什么?因为养猪跟养鸡不一样。小鸡变成肉鸡,42天就行了,6个星期后,鸡肉就上市了。猪就不一样了。猪怀孕3个月,小猪长到肉猪得6个月,至少得花9个月,而且鸡现在全国基本上实现产业化了。我们现在吃的鸡蛋、鸡肉,都是通过产业化供应的。而猪的60%以上是农民家里散养的猪,大量生产还不行,因为它是农民一家一户生产的。而且,现在农民不愿意养猪,因为养猪划不来,饲料价格在上涨啊。你要把猪肉一限价,那农民更就不愿养猪了。加之,现在农民工出来的有1亿多人,连家属是2亿多人,他们在农村的时候,几乎家家都养猪。哪怕每户养1头猪也行啊,到过年就把猪杀了,把肉一腌,这一年就有肉吃了。一家如果养两头猪,周围的人家来买你的猪肉,今天这家杀猪,明天那家杀猪,猪肉的供给是充足的。可是这2亿人出来以后,家里不养猪了,没有劳动力养猪了。进城以后,他们还到市场去买肉吃。猪肉供给少了,需求却增大了。这个问题不是很容易解决的。该怎么办?最好的办法,就是赶快增加供给,要鼓励农民养猪,要促进养猪业产业化,要提供优惠政策给养猪场。这还不够,应该使低收入者增加收入,如提高最低工资标准,食品价格上涨后,还可以给低收入者食物补贴。至于饲料价格上涨,这是供给不足所引起的,需要通过调整玉米种植面积才能逐步解决。

三、汇率制度改革

对于汇率问题,经济学界大体上有一个共同的认识,这就是:人民币大幅度升值,对中国经济是十分不利的,因为大幅度升值后,产品出口就困难了,很多以出口为主的工厂会倒闭,工人失业。如果农产品出口遇到困难,农民收入不但不能增加,甚至会减少。所以大幅度升值,不管外国怎么施压,我们不能采取。小步升值怎么样?经过讨论,多数人认为,小步升值有利有弊,但利大于弊。弊在何处?第一,对出口仍然不利。大升值大不利,小升值小不利,只要人民币升值对出口都不利。第二,外资热钱仍然会流入中国。因为是小步升值,说明还要继续升,外资认为迟来不如早来。

经济学是研究什么的?从理论上讲有各种解释。经济学研究的是生产力和生产关系之间的关系,这没问题。说经济学是研究资源配置的制度、机制和方法的,这也对。能不能讲得更通俗一点,经济学研究什么?可以简单地说:经济学研究的是"两害之间取其轻,两利之间取其重",经济学研究利弊得失的比较。经济学家不是决策者,政治家才是决策者,他们把经济学家提出的各种方案拿去进行比较、分析,选择其中一个,或取各家之长,综合运用。政治家要考虑多方面的因素,不仅考虑经济,而且还要考虑到政治、社会、国际关系等因素。

再看,人民币小步升值,利在何处?有人说,人民币小步升值以后,中外贸易摩擦会消除,这就是利。实际上中外贸易摩擦仍会存在,因为外国人希望人民币大步升值,而大步升值是中国不能采取的。外国希望人民币升值一步到位。一步到位,那么位在何处?谁也说不出来。

中国应当坚持采取有管理的浮动汇率制度,需要调整的是:放宽浮动幅度,让人民币汇价的弹性大一些,让人民币在市场上摆动,摆到哪一步算哪一步。这样做还是有根据的,因为这就是在不断地由市场来决定。放宽人民币汇率浮动幅度,这就形成了小步升值。

人民币小步升值有利于降低进口成本,有利于中国企业"走出去",还有利于中国企业着力于技术进步、自主创新、改善经营管理,因为依靠不符合实际的汇率来增加出口的时间不多了,企业竞争力的提高依赖于技术进步、自主创新和经营管理水平的提高。这是关系到今后中国企业前途的大事。

中国的外汇储备怎么这么多?外国人说,是人民币的汇率不合理造成的。错了,我们不同意这种看法。我们认为,中国的外汇储备之所以多,是因为近几年贸易顺差大。贸易顺差大,主要是以下四个原因造成的:

第一个原因,是我们加入 WTO 以后,国际贸易环境改善了,出口更方便了。不加入 WTO,我们不可能在对外贸易上取得这么大的成绩的。

第二个原因,最近几年国内技术改革在加快,企业在不断自主创新,所以产品质量在提高,特别是机电产品、家用电器,这在国际市场上已经被承认。没有技术创新,我们外贸能取得这么好的成绩吗?

第三个原因,就是我们的企业改革正在加快进行。最近几年国有企业的股份制改革是加快的,大量民营企业建立起来了,它们已经成为对外贸易方面的重要力量。这些都表明,中国的体制改革取得了成绩,促进了贸易的顺差。

第四个原因,到现在为止,我们仍然具有劳动力成本的优势。这个优势没有丢掉,跟发达国家比,中国的劳动力成本要低一大截。而跟其他某些发展中国家比,尽管我们的劳动力成本比他们高,但他们的投资环境不如我们,劳动力素质不如我们。中国人吃苦耐劳,工人不偷懒,这是国际所公认的。

所以说,贸易顺差之所以这么大、这么多,主要的原因不在汇率,而是以上讲的四个因素。

那么,国家汇率改革制度的最终的目标是什么?有人说是人民币自由兑换。我们说,人民币自由兑换是迟早要实行的。从东南亚金融危机中,我们已经得到一个很深刻的经验教训。一个国家的货币自由兑换,有利也有弊,主要看这个国家的经济实力强不强。国家经济实力强的,可以利大于弊;国家经济情况弱的,货币自由兑换以后,不一定是好事。东南亚金融危机,1997 年开始,首当其冲或者受损失最大的是泰国。泰国的货币是自由兑换的,可是泰国的经济并不强,银行的大量贷款收不回来,而且货币又自由兑换,外资大进大出,一抽走,泰国经济受到极大冲击。所以货币自由兑换是一把双刃剑,弄得好,对国家有利;弄不好,对国家是有害的。我们要吸取这个教训。外汇管制不能现在就取消,也许还要经过较长的一段时间,在金融体制改革深化并取得成就之后,再考虑这个问题。

况且,取消外汇管制并不是我们汇率制度改革的最终目标。那就要问了,我们汇率改革的最终目标是什么?我们汇率改革的最终目标是人民币成为世界上"硬通货"之一。什么叫"硬通货"?就是国际都承认的,又叫"国际储备货币",简称"国际货币"。现在世界上有美元、欧元、英镑、瑞士法郎,有人说应当再加上日元,这些被承认是国际储备货币。人民币再经过多年奋斗,是可以达到个这目标的。

一种货币能成为国际储备货币之一主要靠什么?主要靠的是综合国力。瑞士是个小国,可是它的货币因为它的银行在全世界都是有名的,都往瑞士银行存钱,经济实力强啊,所以它的货币是国际承认的——瑞士法郎。这又回到我们的老话题:发展是硬道理。不发展,怎么把综合国力搞强?

四、如何用好外汇储备

一个国家的外汇储备如果出现了安全问题,大体有两方

11

面的原因:一是外汇收支连续出现赤字,以致外汇储备大幅度下降;二是所持有的外汇储备不断贬值,外汇储备的价值减少了。所以,要保证国家外汇储备的安全,必须从这两个方面着手,双管齐下。

国际收支项目分经常项目和资本项目,这两个项目同样重要。现在我们先谈经常项目。经常项目中最重要的问题是贸易收支。怎么不致于出现国际收支赤字,同商品的出口竞争力有很大的关系。如果企业没有出口竞争力,就会影响到国际贸易收支,使顺差减少,甚至变为逆差。

根据科技界的最近探讨,国际上今后在四个方面将有重大的技术突破:第一,新能源。因为新能源能够减少对进口能源的依赖;同时,新能源的开发可以带动整个汽车行业的技术改造,对以后的发展是很大的带动。如果新能源技术上去了,不但会继续扩大国内市场,而且会占领一部分国外市场。第二,新材料。这同样是重要的领域。新材料的使用将带动装备制造业、房地产业和轻工业全行业的技术改造,所以新材料开发的前景是好的。第三,生物科技。生物科技领域的重大突破不仅能够带动农业、畜牧业和水产业的发展,而且对于医药行业也会有重大的推动,使这些产业的产品有更大的竞争力。第四,环保产业。这一领域一定会有重大的突破,因为这不仅影响到出口竞争力,而且影响到能不能可持续出口。现在的环保概念跟20年前完全不一样了。原来,只要产品本身和排放没有毒,比如说给消费者的产品有保障,不会危害使用者的安全,工厂排放的废水、废气不会影响到人类健康,不会影响农业、渔业、畜牧业和饮用水,就符合环保标准了。现在不一样了。现在关注到二氧化碳的排放量。虽然二氧化碳没有毒,但是排了以后,将来对天气的影响、对人类生活的影响还不知道怎么样。假定南极和北极的冰都融化了,你说这会造成什么样的灾难?所以,他们提出了新的观点:少消费就是环保。比如说,少用纸张就是环保,不用一次性筷子就是环保,节电就是环保,因为生产任何产品都要排二氧化碳。从这个角度讲,排放二氧化碳多了,今后产品就会失去国际市场。

产业的突破要有竞争力,即使是劳动密集型的行业也需要有自主创新。许多企业认为自主创新是知识密集型行业、资本密集型行业的事情,同劳动密集型企业没有太大的关系。他们甚至说,劳动密集型行业能有多少自主创新?不对,至少可以从以下五方面着手:

第一,设计要创新。先要有创意,设计才能创新。比如说,生产服装、鞋袜和玩具,设计上的创新是最重要的。

第二,原材料选择有突破。一种时装出来,如果你选择另外一种原材料,会怎么样?也许更受欢迎。

第三,节能。因为节能可以降低成本,而且节能符合环保标准。

第四,营销方式的创新。即使是劳动密集型的行业,在营销方式上同样会有大的突破。

第五,企业内部管理体制的创新。对于民营企业来讲,家族经营制企业到了一定的规模之后就需要规范化。内部发生了产权的纠纷,就影响整个企业的效益。所以可见,自主创新能力是影响经常项目,尤其是贸易收支项目的重要因素。

在资本项目上面,为了保证外汇储备不至于大幅度的下降,要采取两个重要措施。第一,要坚持改革开放,在国内创造更适于外资进入的投资环境。比如说要讲信用,要使投资环境更好、基础设施更完善,政策不能多变,这样外资就会不断地进入,而且不会发生大范围撤离的情况。第二,为了在资本项目上不致于出现大的波动，要防止民间资本非正常性地大量外流。民间资本非正常地大量外流是影响外汇储备的。因此对民营经济的政策一定要有连续性。这些年以来，对民营经济有"非公经济36条"，但它还没有完全落实。而且，民营企业家对政策是很敏感的，如果他们发现政策倒退了，资本就很可能非正常地流出国境。这会影响到外汇储备。下面，再讨论外汇储备贬值的问题。

外币的贬值可能是因为该国内经济的波动。那么，我们能做什么呢？主要有以下五点：

第一，任何一种硬通货在中国的外汇储备中各占多大的比重，要全盘考虑，不要偏重、偏轻。外汇储备币种的构成，是历史上所形成的，不宜变动过快、幅度过大，但是应该心中有数，要逐步进行调整。

第二，外汇储备的范围应该扩大为外汇黄金储备。要增加黄金储备，把它跟外汇储备放在一起，这对中国将来保证外汇储备安全是有利的。而且，在黄金价格稍有下跌的时候，可以抓紧时间多购黄金。

第三，要建立外汇资产的概念。目前外汇储备是单纯以外汇来构成的。实际上从国家安全的角度讲，既有外币所构成的外汇储备，也有可以较快变现的外汇资产作为储备。外汇资产如果能够较快地变现，可能比外币更好。中国的外汇资产所占的比重不如日本。日本虽然由外币的储备构成的外汇储备少，但是它的外汇资产多。所以我们要想办法增加外汇资产，比如说在国外购买土地、矿山、效益好的企业的股票，这都是外汇资产。总之，增加外汇资产对我们是重要的。

第四，利用外汇储备作为信贷资金，对外贷款可以带动产品的出口和工程的承包、劳务的输出。这样就可利用我们的外汇储备把国内的经济带动起来。

第五，即使外汇储备是由外币构成的，也可以用活外币的储备。把这么多的外币放在那里不用，本身就是损失，因为机会成本增加了，再加上外币在贬值，损失更大了。所以，要用活，包括进口先进的设备、短缺的原材料和燃料，以及进行海外投资。

可以设想一下，如果外汇储备减少了，甚至外汇储备不多了，我们能够进口这么多食用油吗？因为我们国内的食用油是供不应求的。要让我们国内生产出足够的食用油，那要多少亩土地？可能上亿亩的土地还不够。这上亿亩的土地从哪里来？没有这么多的地，怎么种大豆来生产这么多食用油？但如果我们用活外币储备，可以到国外建农场，在那里种大豆，加工大豆，生产食用油，运回来的是我们自己的农场和加工企业生产的食用油，所以要用活外汇储备。

还应当指出，一国的外汇储备不仅是一个数量概念，还包括了质量概念。外汇储备数量的多少，你要设计出一种预警机制是容易的，比如说外汇储备连续几个月降低多少。但外汇储备有没有质量指标？质量标准在哪里？怎么样确定这个外汇储备的质量指标？怎么样把数量指标和质量指标结合在一起综合考察，以便将来建立一个有关储备的预警机制？

五、进一步发挥民营经济在扩大就业中的作用

当前，即使不把农民进城务工的新增人数计算在内，仅仅计算城市的新增就业者，就业形势也是严峻的。如果再考虑城镇化过程中的进城农民，就业形势就更加令人担心了。哪里有这么多的就业岗位呢？谁提供这么多的就业机会呢？这是经济学界共同关注的课题。

新的工作岗位是在经济增长过程中涌现出来的。但考虑到经济增长和就业增长的不对称性，决不是任何一种经济增长方式都能使就业有较大幅度的增长。所以在转变经济增长方式的过程中，应当根据我们的国情，在提高经济增长质量的同时也一并考虑就业增长方式的转变。而转变就业增长方式过程中最重要的对策，就是进一步发挥民营经济在扩大就业中的作用。

从工业化国家的历史来看，在工业化过程中，大企业、中型企业和小企业一直是平行发展的。小企业虽然时有关闭的，但却有更多的小企业新建立，它们有自己的销售对象，有自己的营销渠道，它们承接大企业和中型企业的外包任务，也同大企业和中型企业之间建立配套、协作关系。它们吸纳了大量劳动力。

到目前为止，我国的小企业的数量，同13亿人口相比还是偏少的。应当大力支持它们的发展。据调查，小企业在发展过程中主要遇到三方面的困难：一是税费仍然偏重，这类企业本来盈利空间就有限，如果不在税费上予以减轻，就难以生存和发展；二是融资困难，它们几乎会靠自身融资（向亲戚朋友们借贷，或者靠高利贷）；三是额外负担较多。只要解除了这三方面的困难，新建的小企业就会增加，原有的小企业就会增产，结果必定是就业人数的上升。

第三产业有很大的发展潜力，在吸收就业方面同样有很大的潜力。第三产业中既有传统服务业，也有现代服务业。在第三产业中开业经营的，不是大企业和中型企业，以小企业为主。第三产业是可以吸收大量劳动力的，特别是现代服务业，前景广阔，有很大的发展空间，将会容纳更多的人就业。

然而，为什么多年来政府一再提出要大力发展第三产业,第三产业产值在 GDP 中的比例却增长得较为缓慢呢? 在市场经济发达的国家,第三产业产值在 GDP 中的比例已经超过了 70%,这些国家的政府从来没有发出发展第三产业的号召,第三产业产值在 GDP 中的比例却一直攀升到 70% 以上,而在我们这里,政府号召发展第三产业已经多年,为什么第三产业产值在 GDP 中的比例仍然刚越过 40% 这条线呢? 可见,第三产业的发展并不需要政府发出号召,这是市场主导下实现的产业结构调整,而且产业结构调整是同经济发展规律相适应的。

这意味着民营经济的准入是一个值得注意的问题。应当实行"非禁即入"原则,由市场来主导,市场需求的增长必然导致供给的相应增长。第三产业的发展过程同时也就是劳动者在这里找到工作岗位的过程。

在城市中,一个小企业的业主、一个个体工商户,甚至一个小摊贩,都是创业者,他们自己就业了,家庭成员有的也就业了。他们全都可以包括在民营经济这个范畴内。只要这些小企业、个体工商户,甚至小摊贩,有业务可做,生意还过得去,不仅有可能雇个帮手或招个学徒,社会上因他们的业务开展了,间接就业的人也会多起来。这些情况都可以称作"创业带动就业。"

对所有这些创业者来说,最重要的就是需要有创业精神,依靠自己的努力,勤勤恳恳,抓住机遇,就能不断积累,扩大规模。经验和财富一样,都是逐渐积累起来的。一个城市,如果只有少数大中型企业,缺少小企业和个体工商户、小摊贩,城市就显得没有活力,没有生气,城市的就业问题就会越来越多,就业压力越来越大。从更广泛的意义上说,城市活力和生气来自民营经济的发展,来自大批自行创业的人在不断开拓市场、创造就业机会。

17

在我国,近年来由于各种原因,劳动收入在国民收入分配中的比重是下降的,这样,经济增长对就业的带动作用也随之下降了。民营经济之所以难以有较大幅度的扩大,原因之一正在于受到国内需求的限制,受到居民购买力有限增长的限制。那种认为降低工资水平可以容纳较多的人就业的观点,是把一个企业的就业同社会的就业混为一谈了。从"以就业扩大就业"、"以创业带动就业"的角度来看,只有提高劳动收入在国民收入分配中的比重,不断扩大居民购买力,扩大内需,才能在经济增长过程中使民营经济持续发展,也才能使更多的人得到就业机会。

　　在这里,我感到有必要谈一谈培养更多的企业家的问题。在市场经济中企业家是重要的,企业家不是一个职务,它代表一种素质。

　　经济学中很多问题,实际上都是一个观察问题的角度问题、方法问题。比如说,每年有许多毕业生,7月份毕业,这个班照相,又跟着那个班照相,一张合照好几百人,太阳往那晒,大家开始照相了,大家眼睛都睁开,别闭眼睛,啪一照,总有人把眼睛闭上。那能不能换一个方法呢? 快照相了,人都站在那里,摄影师说:"现在开始照相了,请大家把眼睛都闭上,我数一二三,睁眼睛。"一二三,眼睛一睁,赶快就照,大家全都睁开眼睛。可见,方法上变了一下,你看问题的方法就不一样了。

　　有一个人,他到宠物市场去买鹦鹉。这个鹦鹉不错,值多少钱呢? 主人说2000块。怎么那么贵? 因为它会两门外语,会用英语跟日语会说"谢谢"、"你早"、"再见"这些话。第二个鹦鹉,这个鹦鹉呢? 这个鹦鹉卖4000块。难道它会四门外语? 对,它还会法语跟德语呢。第三个鹦鹉,样子都差不多的鹦鹉,这个鹦鹉值多少钱呢? 这个鹦鹉可贵了啊,10

18

万块钱。10 万块钱！难道它会 100 门外语？它不会外语。哎呀，它不会外语，怎么卖 10 万块钱呢？什么原因？鹦鹉主人说，你看，那两个鹦鹉把它叫老板，它是企业家，会用人啊。他站得高，看得远，会用人就行。会用人是企业家最大的特点。我不懂外语没关系啊，我出国和外商谈判，带翻译就行了，重要的资料请人给我翻译出来。所以说我们一定要大力培养站得高、看得远、会用人的人才，这才是企业家。

再讲个故事。动物园里有一块地方，用铁丝网把它圈起来了，关了一群袋鼠。第二天早上，管理员到那儿去看，一数，糟糕，跑掉一个袋鼠。哎呀，铁丝网这么高了，它有可能跳过去？那就加高一倍。第三天早上又去数，又跑掉一个袋鼠。简直不可思议，袋鼠能跳这么高？回去时说还要再加高铁丝网。晚上，在铁丝网圈子里关着的袋鼠就笑了：他不把门关好，光加高铁丝网有什么用？所以说，作为一个企业家，不仅要站得高、看得远、会用人，而且最基本的管理工作要做好。你不把基本管理工作做好，那怎么行呢？

六、城乡一体华

当前国内正在开展城乡二元体制改革，也就是城乡一体化建设。

中国的改革开放从来都是以思想解放领路。回顾 30 多年前，1978 年 5 月起，不正是历时半年之久的"实践是检验真理的唯一标准"的大讨论为中共十一届三中全会的召开做了思想上的准备么？也就是说，中国特色社会主义道路和市场经济体制的成功探索，首先是从一场思想解放运动开始的。当前，打破城乡分割分治的二元体制，形成城乡发展一体化新格局，也必须进一步解放思想、实事求是。学术界必须开展前瞻性理论研究和理论创新,在理论上率先突破,摆脱一切束缚城乡二元体制问题解决的思想桎梏,在全社会营造改革城乡二元体制的氛围;必须在政策、法律、制度、文化等诸多方面进行有利于推进城乡一体化的改革,尽快扭转城乡差距扩大的趋势;必须勇于探索实践,大胆改革试验,开辟一条新路。

具体地说,在城乡二元体制改革过程中,有必要就以下三个问题消除误解:第一,城乡二元体制改革将大大促进社会的稳定,而不会导致社会的不稳定。关于这一点,一种误解是:农民已经习惯于一家一户的承包经营了,他们之中不少人不愿意离开本乡本土。即使离开本地到城市中打工,但叶落要归根,在外面挣些钱是要带回家来盖新房、娶妻生子的。他们习惯了农村的生活,何必改革城乡二元体制,反而使他们心里不踏实呢?何况农民一旦大批进入城里,生活方式一变更,城市生活设施建设又跟不上,反而会引起他们不满,有些人又想回到乡下去,社会不就不稳了吗?有这种看法,多半是不了解实际情况。要知道,在城乡二元体制改革过程中,农民是不是迁进城市,要根据本人意愿而定;外出打工的农民是不是愿意回乡,也由本人决定。体制的改革只是提供了更多的机会供农民选择,而不是排除农民的选择。从社会稳定还是不稳定的角度来看,关键在于农民(不管是进城的还是留在农村的)的利益是不是增加了。如果农民的近期利益和长期利益都能通过城乡二元体制改革而增加,那么社会将走向稳定而不会导致动荡。

第二,城乡二元体制改革将推动城市经济的改革和发展,而不会因加重城市的负担而阻碍城市经济的发展,也不会阻碍城市经济改革的深化。

在这方面,一种误解是:城市经济的改革和发展毕竟是最重要的,而在现阶段着手城乡二元体制改革,很可能会加重城市的负担,这样,不仅城市经济的改革和发展受阻,而且农村经济的改革和发展也会相应地受牵连。不如暂时把城乡二元体制的改革搁置一下,一心加快城市经济的改革和发展,等到城市的经济实力增强了,城市就有较多的力量来帮助农村的发展。西方发达国家一般是在工业化后期政府才把农村发展放在重要位置上,中国目前仍处于工业化中期,何必这样急于去做本来可以推迟一些才做的事情呢? 其实,这种看法并不正确。问题在于:在西方发达国家工业化初期,城乡二元结构是存在的,但在那里并没有形成城乡二元体制,因此也就不需要进行城乡二元体制改革。它们之所以在工业化后期着力于发展农村经济,是适应稳定社会的需要。中国的情况与它们不同。在城乡二元体制下,中国的工业化在长时期内是以牺牲农民利益为代价的。如今已到了城市回馈农村的时候了。提高农民收入,让农民充分享受改革发展的成果,将大大促进内需的增长,这对于城市经济的进一步发展是绝对有利的。因此,城乡二元体制的改革只会推动城市经济的改革与发展,而不会变成城市经济改革与发展的阻力。

第三,城乡二元体制改革不是要消灭农村和农民,也不是要把农村变成城镇,把农民改变为职工,而主要是使农村和城市的差别大大缩小,使农民充分享有改革开放的成果,在社会方面享受同样的待遇。

关于这个问题,一种误解是:城市就是城市,农村就是农村;工人就是工人,农民就是农民,进行城乡二元改革以后,农村就会逐渐不存在了,农民也就逐渐消失了,这样,岂不是用消灭农村和农民的方法来强制性缩小城乡差别吗? 这对中国经济是祸还是福,还不得而知! 需要指出的是:城市和农村的差别不会因城乡二元体制的破除而消失,工人与农民在职业或社会劳动分工方面的区别也不会因城乡二元体制的改革而消失,这些区别的消失也许要经过许多年的生产力发展才会实现。改革城乡二元体制所需要消除的,是对城乡之间生产要素流动的人为障碍,以及两种户籍之下工人和农民的不平等待遇,这样就能导致城乡之间的差距缩小。这一切是可以做到的,而且对国民经济发展只会产生积极的结果。

农民目前同产权无缘。对承包的土地,没有产权;对宅基地,没有产权;甚至对宅基地上的住房,尽管是自己花钱盖的,但由于对宅基地没有产权,所以也没有产权,连房产证都没有,这确实是不合理的。由于宅基地及其上面建造的住房没有产权,只有使用权,所以他们既无法出售,也不能抵押,从而制约了农民土地权益的实现。这不仅不利于农民致富和农村经济发展,而且不利于农村劳动力转移,严重阻碍城镇化进程。

现阶段我国法律对农民的土地(包括承包的土地和宅基地)的权利保护实际上是不明晰、不到位的,这个问题急需解决。对于城市化,世界上已经有正反两方面的经验和教训。西欧一些国家在工业化、城市化过程中,城市内没有出现"贫民窟"现象,主要原因就在于农村土地和农民住房可以根据农民的意愿进行流转和抵押,农民可以由此得到一笔资金,这有助于他们进城务工、创业、定居,并成为城市居民。

宅基地和宅基地上建成的农民住房,理应是农民的重要财产,应当鼓励支持各地探索宅基地和农民住宅流转和抵押的办法,保护和实现农民对宅基地和农民住宅的应有权益。农村宅基地和农民住房的实际使用已经使农民对宅基地和农民住房的使用权变成了事实上的长期权利。针对这一客观事实,在法律上应予以确认,赋予农民对宅基地和农民住房的产权,这对保障农民土地权益、搞活农村经济和金融具有重要的意义。而且,如何处理宅基地问题,必须充分尊重农民的权利和他们的意愿,不能使农民的利益受到损害。今后法制建设的方向就是赋予农民与城市居民同等的产权落实和产权保护。为了实现城乡一体化,建议适时修订《物权法》、《土地管理法》等法律和相关法规。通过宅基地和农民住房的产权制度的改革,可以大大激活农村经济和农村金融。当前应积极探索宅基地及其上面农民建造的住宅抵押的有效途径,总结一些地方将宅基地及其上面建造的住宅抵押给信用社或其他农村金融机构进行融资等做法,大力开展农村宅基地及其上面建造的住宅抵押试点。再就是要积极实现宅基地及其上面建造的住宅的可转让性,至少可以让统筹城乡发展改革试验区的经验逐步推广。

如何防范农民因宅基地抵押而出现的风险?一方面,接受农民宅基地抵押的金融机构必须是符合条件并经过审查批准的有资格从事农民宅基地和农民住房抵押业务的金融机构,以免农民上当受骗;另一方面,当农民把宅基地和自己的住房抵押出去后,可以贷得一笔款项,用于生产经营,亏蚀了怎么办?农民岂不是从此失去了宅基地和住房?因此,大力开展农村保险业务是可以减少风险的途径之一。例如,农民用这笔贷款自主创业,办了养殖场、开了作坊或外出务工,遇到火灾、地震、瘟疫等,或者发生了车祸,如果已经上了保险,就可以得到赔偿,从而减少损失。

从事宅基地抵押业务的金融机构如何防范风险?这里的风险主要是指还贷率低而金融机构又难以处理作为抵押品的宅基地和农民住房,因而陷入资金困境。为了防范和减少这种风险,可以采取以下措施:即使农民以宅基地和住房作为抵押,金融机构仍应对抵押人的信用状况和还债能力进行调查;如果采取农民信用互保方式来发放农民宅基地和住房的抵押贷款,那就更好了。总之,风险总会存在,但可以尽量减少它。

此外,据我们在一些地方的调查,有些农户在农村的住房不止一套。在这种情况下,多余一套的住房为什么不能抵押出去? 再说,在有的村里,农民的住房有时是三层楼或四层楼,在这种情况下,农民的住房可以抵押一半。即使将来还不起贷款,自己还留下一半住房,可以居住。这有什么不妥?

随着新时期农村形势的发展,现行的农村家庭承包制已有一些不适应的地方。问题主要是把土地等生产要素分散在一家一户,制约了土地规模经营和土地使用效率,影响对土地加大投入的积极性,进而影响农业生产率的提高和农民收入的上升。加之,在农民有可能进城务工的情况下,不少农村青壮年劳动力外出务工,家庭承包的耕地或者撂荒,生产资料闲置,或者只剩下老弱劳动力耕种,使土地使用效率大大降低。这在耕地流转有限的广大农村形成了极不合理的状况。因此,农业适度规模经营是发展现代农业、提高农业生产力的内在要求。没有规模经营,不能有效地利用土地资源,农业生产效率就很难提高。当前土地承包办法急需根据情况的变化调整完善,急需合理科学地配置土地资源,鼓励各地探索土地承包权的多种有效流转方式。

这里,先对转包、出租和土地入股三种主要的土地流转形式作进一步分析。这是因为这三种土地流转形式较为普遍,它们都适用于一定地区,也都具有一些特点。

以转包形式进行承包地流转的方式在一些粮食产区是适用的。在一些粮食产区,外出务工的农民把所承包的土地转包给本地或外地的种植能手。一个种植能手如果包下了十几户农民的承包地以后，只雇几个工人，采取机械化生产，就能取得高产并有利润可得。这对种植能手和外出务工农民都有利。在湖南调查所得到的资料表明:单个农民承包十几亩稻田，收入很低，只够糊口。如果种植能手通过转包形式，承包了200亩以上的稻田，采用机械化作业，雇几个工人，一年生产两季，收获40万斤稻谷，除了柴油、农机折旧和维修、化肥、农药等开支，在加上雇工工资和承包者自己的相当于工资的收入而外，还可以有较多的盈余。而把土地转包出去的农民，进城后的务工或经商收入，也超过了自己种地的收入。

以出租形式流转承包地的方式在一些地方也比较流行。承包地或者出租给种植能手，或者出租给果品或蔬菜企业，或者出租给养殖场种饲料，租金数额通过协商解决。原来的土地承包者有些外出安心务工，有些并不外出，而在土地租出后给租方做工，按月取得工资收入。在广东徐闻县调查的资料表明，当地的菠萝种植园正是在广大农民出租土地的基础上发展起来的。

在目前农村的土地流转中，有四分之三的耕地是以转包和出租形式流转的。

以入股形式进行承包地流转的方式(即农民把承包地作为股份加入农民专业合作社)在一些已经组成农民专业合作社的地区，可能更有推广的价值。农民入股后受聘为农业工人，每月有工资收入，年终还有股利收入。

当然，中国的国土面积这么大，农民人数这么多，而且各地经济和社会的发展又如此不平衡，所以不要设想城乡二元体制改革可以很快就完成。农村家庭承包制推行30年了，在这段时间内，中共中央和国务院研究过多少次，出台了多少

25

个重要文件，才开始转到城乡二元体制改革的轨道上来，而且这一改革至今仍在试验阶段。当然，也许用不了 30 年的时间，但至少也得花上 20 年：到 2028 年，也就是到了中国改革开放 50 年的时候，城乡二元体制改革才能被认为取得了决定性的胜利。估计到那个时候，城乡体制已经一元化了。

陆学艺

统筹经济、社会协调发展是构建和谐社会的关键

　　陆学艺,教授,1962 年毕业于北京大学哲学系,1962—1965 年为中国科学院哲学研究所研究生。历任中国社会科学院副研究员、研究员,社会学研究所副所长、所长。1998 年后任中国社会科学院学术委员会委员、北京工业大学人文社会科学学院院长。1996 年任中国社会学会会长。全国第八、九届全国人民代表大会代表,2006 年为中国社会科学院荣誉学部委员。曾主持多项国家社会科学基金重大和重点课题研究,主要著作有《改革中的中国农村和中国农民》、《转型中的中国社会》、《中国社会结构变迁》、《三农论》等多部,专业论文百余篇。主编有《当代中国社会阶层研究报告》等。多次荣获国家和省部级奖项。

十六届四中全会提出构建社会主义和谐社会的问题以后,在全国得到热烈的反响,大家都说这个题目非常好,所以大家现在可以从文件上看到十六大以来我们党提出的两个大的战略思想,一个是科学发展观,一个是和谐社会。构建社会主义和谐社会是我们全党的一个大的战略任务,是党中央根据全局、国际国内形势、我们所处的阶段,分析得出来的这样一个思路。现在扩展到要构建和谐亚洲,要构建和谐世界,当然首先是建设我们的和谐中国了。这是个大题目,文件里面讲到为什么要构建和谐社会,怎么个建设,目标、任务、我们要做的工作,都作了全面的部署。大家都在学习这个文件,我想今天我就从其中的一部分,也就是从经济、社会协调发展这个角度给大家做一点讲解。

我今天讲三个问题,一个是经济、社会要协调发展的意义;第二个问题是我们经济、社会不协调是我们当前遇到的主要矛盾;第三部分讲一下我们当前要进行的几项工作。

现在我讲第一个问题。经济、社会协调发展是现代化社会的必然要求。从世界现代化的历史看,一个国家要实现现代化,主要靠两条,这两条实现了现代化也实现了。第一,经济要繁荣发达,肯定要是一个工业化、城市化的国家;第二,社会要全面进步,社会事业要发展,社会体制要完善,这样这个国家才能长治久安。为什么这样说呢?我们国家每5年制定一个国民经济发展计划,自第六个起,改为国民经济与社会发展规划,以后,第七、第八个一直到第十一个,都叫国民经济与社会发展规划。把国家的经济和社会这两块安排好了,社会基本上就比较好。从理论上来看,经济跟社会的关系,经济肯定在前,经济首先要发展。比如说我们现在从农业国家变为工业国家,人均 GDP 达到 3000 美元、5000 美元,首先经济要上去,经济不上去社会就发展不了,所以经济发展是社会发展的基础。比如说我们的农业社会,我们要办多少个大学是不可能的,要办现代的科学院是不可能的。这是第一,这个关系要弄清楚,一个是第一,一个是第二。但是第二句话,就是经济本身发展了,社会必须得跟上去。经济不能单边独进,经济发展了,科学、教育、文化(包括我们图书馆)这些社会事业一定得跟上去。比如说现在搞现代化,搞高科技,没有大学,没有研究院,没有科学院那肯定是不行的,要有一个支撑。所以我们经济社会发展必须是协调地进行。我们现在的问题出在哪儿呢? 就是说,我们前些年单纯地搞 GDP,把医疗、卫生、教育、科技都放在一边,这个方面出了问题。第三点就是经济发展了,一定要有和谐的、稳定的社会环境,创造这个环境,没有这个环境经济也发展不上去。比如说我们社会秩序、社会治安,甚至说我们的分配格局,比如贫富差距等等都要相对协调,不能搞得太差,不然社会不安定。而且从长远来讲,经济发展为什么要发展生产,为什么要搞生产,就是提高人们的生活水平,满足人的物质跟文化的需要,也就是我们现在讲的人的全面发展,不能是为了 GDP,为了经济发展而去搞经济发展。我们出现的一些问题,就是把后面的这些去掉了,只是搞 GDP 挂帅,另外我们引导上也有问题。这是从两者的关系上来讲的。

我们从世界上工业化以后这三百年的历史看来,从全世界经济、社会搞得比较好的,或者是现代化比较发达的这些国家来看,工业化、产业化以后大致有这么四种情况。一种搞得比较好的,经济发展了,经济体制改革了,经济繁荣了,物质丰富了,同时社会体制也相应地改革,社会事业也相应地发展,分配比较合理,这样一来社会就比较有秩序,也比较稳定。像二战以前欧美那些国家,基本上已经调整了,从近几十年来看,像日本、亚洲四小龙(新加坡、韩国,包括我们的台湾、香港)等等,这些国家和地区,在经济发展的同时,进行一些政治和社会体制的改革,社会事业也发展得比较好,社会保障也搞得比较好,社会分配差距不算太大,所以这个社会就比较稳定,比较有序。

第二类就是经济搞得比较快,但没有注意社会体制的改革,没有注意社会事业的发展,没有注意社会分配的合理,一方面经济发展了,但是两极分化比较厉害,社会环境比较乱,科技文化上不去,比如说印度、泰国。20 世纪 60、70 年代的伊朗就是这样,那个时候人均已经接近 1 万美元了,搞得比较快,但是国内的社会体制没有改革,所以没多久就垮台了。这类国家实际上还有很多。现在泰国是 5000 美元,但是经不起风浪,社会秩序也不算好,这是第二种。

第三种就是我们常说的,经济发展了,但是社会体制没有改,社会阶层的结构也没有调整,所以经济、社会发展得很不协调,社会也没有秩序,一遇到国内、国际的金融风暴、国内政变,就倒退回去,像拉丁美洲的一些国家。这里我顺便给大家说一下,现在我们报纸上一些媒体经常在讲,说 1000 美元至 3000 美元之间是会出事的,所以我们现在处于关键时期。这在理论上是没有专门论证的,但是有经验上的例证,上世纪 60 年代中期以后,这一段时间拉丁美洲和我们亚洲四小龙经济都发展得很快,都相继进入人均 GDP 达到 1000 美元。现在要说起来,那个时候的 1000 美元比现在的 1000 美元要好得多。在这个时段以后，亚洲四小龙，他们在社会体制、社会结构调整方面，做得比较好，所以很快就上去了，达到了人均3000美元，进入了现代化国家。拉丁美洲不是这样，它和印度、泰国差不多，经济发展，但是城乡关系、阶级阶层的关系、社会结构没有做调整，社会事业也不好，所以贫富差距很大，城乡差距很大，只是让少部分人富起来了，所以80年代以后出现了几次金融危机，有的经济停滞，有的甚至倒退，前几年拉丁美洲的金融危机使阿根廷等国家欠外债欠得很多。

第四类大概是这样的，前面讲的三类都是经济发展，或者是发展很快，第四类出现了这种情况，就是苏东了，90年代初期以后，政治上的变化导致经济急剧下降，下降的过程中贫富差距拉大，本来好好的国家，结果社会严重不安，社会秩序混乱。我们50年代上大学的时候，好多东西都是学苏联的，那个时候觉得莫斯科不得了。那时候还没有电视，从报纸、通讯上知道苏联真是发展到社会主义、共产主义的天堂了。那个时候没有去过，近几年我到俄罗斯去考察过几次，1998年第一次去，2006年我又去了一次，那就真不一样了。1998年去的时候还不觉得，因为那时跟我们的差距还不是很大，普京上台以后还是有点变化了，社会秩序变得好了，从报纸上看到说这几年有点儿好转。我这次到咱们中国驻俄罗斯大使馆去，大使馆的同志告诉我，俄罗斯2006年GDP恢复到1990年的水平。那就是折腾了16年，全国GDP 1万亿美元还是1万亿美元。他们社会秩序本来是比较好的，但是由于经济下降，贫富差距比我们还大得多。这种情况就是在经济社会发展的时候没有好的社会结构而造成的。所以从整个的经验和教训来说，我们也应该要使经济和社会协调发展。这是我在下面要讲的。

第三个方面讲一下，就是我们从经济跟社会发展的构成与关系阶段来说，首先当然就是经济、社会发展为主的发展阶段。大家回顾一下，改革开放以前，1960年至1978年的时候，我们的温饱都解决不了，大部分都是凭油票、粮票等各种票证来维持生活。那时候办多少医院，办多少图书馆，办多少科学院那是不可能的。我记得1957年，我考北大的时候，全国只招107000人，现在招500万人。所以在温饱问题没有解决以前，要把社会事业发展得多么高是不可能的。所以中国，从1978年以后至1990年这个阶段是以经济发展为主，首先要解决吃、穿、住的问题，靠粮票、油票这么生活肯定不行的。当经济发展到一定阶段以后，比如说90年代的时候，经济跟社会要并重，或者说要协调发展。到了第二阶段应该是经济发展与社会发展并重的阶段，或者是经济、社会协调发展的阶段。第三个阶段就是现在有一些发达国家，他们已经不是把经济放在第一位，而是以社会发展为主，也就是马克思讲到的以人的全面发展为主的发展阶段，因为经济发展的目的就是满足人的全面需要。所以总体来说社会发展和经济发展这两块，社会发展比重越来越高于经济发展的比重。我刚才说到特别是改革开放以来，在经济建设、经济发展问题上我们取得了很大的成就，这是举世瞩目的，社会事业也取得了很大的成绩。但是比较而言，我们经济、社会不协调，晚了若干年，和谐社会建设让我看是晚了若干年，所以是不是可以做这么一个结论，就是社会结构的调整滞后于经济体制的改革，这是我讲的第一个问题。

第二个问题，就是经济、社会发展比例不协调是当前要解决的主要矛盾。现在我们国家要搞现代化，要建设现代化，而且是长治久安的，最后是要站在世界的前列，经济肯定要上去。我觉得改革开放以来小平同志把我们引上了市场经济的道路,这个问题可以算是基本解决了,比我们预想得还好。1978 年的时候,人均 200 美元多一点,到了 2005 年我们已经达到 1705 美元,统计局提供的,10 年翻一番更不成问题了。我们的十一五规划、小康社会计划是 2020 年达到 3000 美元,按现在计算可能达到 5000 美元,甚至更多。这是总量,讲人均在经济上我想大概可以概括三条,第一,我们现在有这样的基础,也就是说我们走上了社会主义市场经济的道路。邓小平同志作出了重大的贡献,一个社会主义国家走上了社会主义市场经济的道路,这是中国的特创。而且我们采取了这种模式,一步步来,我们没有放弃社会主义,所以大家不要忘记我们是社会主义市场经济。我到俄罗斯去考察了才明白,我们一步一步走,才走成这样。俄罗斯倒好,它是一夜就走上市场经济了。我们不说它是资本主义还是什么主义,但是我去看他们计划经济痕迹很浓,原来那一套东西还可以说基本没有变化。我们这个变化是一步一步走过来的,慢慢潜移默化地按照社会主义市场经济的方向来走。否则,中国能走到这一步是不能想象的,因为我们原来崇拜苏联是不得了的,现在看差别太大,他们远远比我们差。

我举一个例子。我是社会学会的原会长。有一次他们俄罗斯社会学会开会,在莫斯科大学,大学漂亮,礼堂也大,1000 多人,社会学家也比我们多。第二天开小组会的时候我就发现他们出问题了,什么问题?因为是俄罗斯开学术会,有很多个共和国,当然还有白俄罗斯、乌克兰等等在内,都来参加他们的会。大家在小组里面开座谈会,20、30 个人。一开会,我这次去是带着笔记本电脑去的,但是到那一看这些东西都没有,开小组会的时候没有。开会的时候,参加者跟我们 90 年代一样,大家都掏出本来,开会就在那里记,没有一个拿笔记本电脑的。我们中国的社会科学不如自然科学,我们现在社会科学院也好,大学里也好,副教授以上一般能到北京来开会的,一般笔记本是每人一个,一开会就拿出来。他们一个也没有拿,他们的会议室还没有这一套设施,社会水平就可以看出来了。所以我们走上了社会主义市场经济以后,我们这代人原来不能想象现在买东西这么方便,过去我们说物质极大丰富,没有想象这个极大丰富是什么,当然我们比起日本、欧洲、美国在商业上还差些,但是比俄罗斯要大大地高一截了。

另外,就是我们国家对经济发展的调控能力。所以我还是说要讲社会主义市场经济,冷了我可以发一点国债,增加投资,叫它热一点儿;热了我可以冷一点,经济调控的能力、经验已基本可以了,所以 1997 年以后我们平均每年增长 8% 到 10%。原来 80 年代时候不是这样设计的,因为有个观念认为基础越大增长比例越小,1 万块钱增长 10% 就是 1000,10 万块钱再增长 10% 是不可能的,咱们现在连着增长 10% 已经多少年了。所以这个问题就是这样。

第三点就是改革开放以后,把全国人民生产、工作、学习的积极性都调动起来了。我在几个会上说过,全国都充满了活力,上至胡锦涛主席,下至农民工,都在日夜工作着。我走了很多国家,没有像我们这样积极干的。以前日本是工作狂,后来说韩国,那么最近看看他们也都不这样了。我们现在盖一个大楼的速度,在全世界少见。最近有个同事到澳大利亚去了半年,回来说,他去的时候那个楼是什么样子,半年后没有什么变化,而我们有的时候是一天上一层。我们现在建设的积极性是我们经济发展的基础,这是好的一面。我们经济上看来再翻两番人均达到 4000、6000 美元问题不大,因为我们现在有一些地方,大概北京 2006 年是 6000 美元,上海是 7000,广州可能是 8000 了,经济发展这个问题已经不大了。但是说我们建设还有难点、问题的话，就在社会发展上，一是我们滞后了，二是我们也没有这个经验，就是怎么能够不走拉丁美洲这条路。现在种种迹象表明，我们这方面不行。我下面列举一些现在我们遇到的问题。经济方面当然还是有问题，比如说我们现在消耗资源太多，环境污染太大，增长方式太粗，这些问题我觉得都好解决，逐渐地解决，特别是社会发展方面跟上去的话，那就更好解决了。现在的问题呢，我觉得在社会发展方面我们还没有走上良性运行的道路。

六中全会文件大家都在学，讲到我们为什么要建设和谐社会，其中一条就讲到我们这个社会总体上是和谐的，但是也存在不少影响社会和谐的矛盾和问题。文件一共列举了六个问题，这六个问题大致是这样的：1. 城乡、区域、经济社会发展很不平衡，人口资源环境压力加大；2. 就业、社会保障、收入分配、教育、医疗、住房、安全生产、社会治安等方面关系群众切身利益的问题比较突出；3. 体制机制尚不完善，民主法制还不健全；4. 一些社会成员诚信缺失、道德失范，一些领导干部的素质、能力和作风与新形势新任务的要求还不适应；5. 一些领域的腐败现象仍然比较严重；6. 敌对势力的渗透破坏活动危及国家安全和社会稳定。从我们社会学的观点看，归纳起来，中国现在要解决的矛盾主要是两条，第一是经济、社会不协调；第二是城乡不协调，城市和农村发展不平衡、不协调。城市和农村再进一步概括也还是经济和社会的问题，所以当前的主要矛盾就是经济和社会不协调、发展很不平衡。我给大家列举这么几个问题。

第一，我们经济发展了，经济结构调整了，但是我们的社会结构没有相应地调整。比如说很简单的，我们看第一产业、第二产业、第三产业的比例，就知道这个国家、这个地区处于什么阶段。经济结构里面包括产业结构、所有制结构和投资结构等等。关于经济结构这些年变化很大，进步很大。原来我们第一产业为主，第二产业为辅，第三产业很少，而现在已经第二产业为主，第三产业次之，第一产业很少。现在上海、浙江、广东这些地方都已经以第三产业为主了，经济结构已经调整过来了。但是对于社会结构大家知道得很少。社会结构和经济结构一样，也是一个国家和地区的基本结构、重要结构，知道了社会结构也同样知道这个国家和地区处于什么地位。社会结构应该包括人口结构、就业结构、城乡结构、区域结构、阶层结构等等。我只讲三个结构就可以看到我们的结构的问题了。就经济结构来讲，2005年产业的经济结构比例，一产业是12.6%，二产业是47.5%，三产业是39.9%，国际国内的学者们都认为中国经济结构已经达到工业化的中期阶段。但是三次产业结构同就业结构就不一样，2005年就业结构中农业是44.8%，工业23.8%，服务业31.4%，也就是44.8%人创造了12.6%的GDP，这肯定不对，这是工业化初级阶段的就业结构，就业结构差了一个阶段，这是第一。第二，城乡结构。我们现在的二、三产业加起来已经达到87%以上了。但是我们的城市化率到2005年只有43%，农村人口占57%，也就是城乡结构不合理，这个社会结构是工业化初期的社会结构。第三，社会中间阶层只占20%至22%，这是2005年的数据。大家都知道一个国家要稳定，社会中间阶层的比例要高。据我们测算2005年我国大概是20%至22%，大概21%左右，在国际上像我们这样一个经济水平应该在30%以上，但是我们没有，所以也还是一个工业化初级阶段。现在可以这样说，中国现在的矛盾，是经济结构是工业化中期阶段的结构，而社会结构是工业化初级阶段的结构。是这两个基本结构不平衡、不协调的矛盾。比如说我们这个楼一半是钢筋水泥造的,另一半是砖木结构,就会摇摇晃晃的。现在我们经济这么好,问题这么多,就是因为我们结构不合理。用社会学来解释,产生这么多的社会问题,经济发展了大家还不满意,就是因为结构不合理。这是我提出的第一个问题。

第二个问题,我们经济发展了,但是社会事业没有相应地发展,严重地滞后于经济发展,因此产生了种种矛盾。我们这几年去全国调查得出这样的结论,现在大家意见最大的第一就是看病难,看病贵;第二是上学难,上学贵;第三是住房难,住房贵。别的当然还有了。照理说我们房子盖得不少了,我们这些人当年都是住一间房起家的,大学毕业到北京来,单位能给一间房就不得了了,结婚也在里面,生孩子也在里面。那个时候北京人均是 7 平方米,上海更低,6 平方米,而现在北京人均都是 30 平方米了,但是房子就是不够。原来是向国家要,向单位要。现在房子造了这么多了,怎么反而还难了? 这里举两个方面的问题,一个是教育,一个是医疗。照例我们现在 GDP 达到 2000 美元,我们的大学、图书馆、科学院、医疗应该是比较好的,但是没有,原因就是我们经济上去了,该搞图书馆的钱、该搞医院的钱没有放到应该放的地方去。我们的政府现在还是一个大工厂,市长、书记还是当总经理,他们脑子里主要是在搞经济。实际上一个现代化的政府,他主要的事业是搞社会发展、社会保障、社会治安、赚钱是老板的事,然后他给你缴税,而你给他营造合理的环境。事实证明,让政府搞企业都是不成功的,不光是中国不行、社会主义不行,哪个国家只要是国有的,像美国国有的服务就差,浪费大。房子、钢铁,这些产业都应该交给市场。但是我们不是,我们因为各种原因,有体制上的原因,我们的领导主要的精力还是投资办汽车厂、办钢铁厂,那个投入就不得了。

所以我在这里顺便说一下，我们的成绩是巨大的，办了这么多的学校，特别是教育方面。说句实在话，九年义务教育、职业教育、高等教育都有很大的进步，以前是精英教育，只有6%、7%的同龄人上大学。这几年，特别是1999年扩招以后，每年30万、50万扩招，比如说2006年已经招了500多万人，今年要接近600万，所以一下变成大众化教育了。跨过了这一步，这一步是这六七年跨过来的，这个成绩很大。当然现在大学里面的问题也很多，扩招以后设备不够，场地也不够，借了钱在那里造房子，经费也困难，很多大学都是负债经营，还有很多的问题要解决，但是要我看成绩还是要肯定的。教育方面我觉得是职业教育的问题，这里就不详述了。

现在最大的问题是看病难、看病贵的问题。这个问题现在社会上议论很多，报纸上到处在讲。光批评卫生部和医院是不对、不全面的。实际上，卫生部也有问题，医院也有问题，医生也有拿红包的问题，这都是事实。但现在主要的问题，就是这些年我们没有把社会事业当成整个社会主义现代化建设的一部分去进行。我1956到北京的时候，那时候北京可能还不到200万人；50年代这么困难，但朝阳医院、海淀医院、宣武医院、阜外医院、中医研究院都是那几年盖的。你们可以想象八大学院旁边盖了多少三级医院，另外解放军医院、空军总医院、海军总医院都是那个时候建的。那个时候的财政是什么财政？改革开放以来，北京的财政这10年涨了10倍，我看了材料，1995年是100多亿，去年财政是1170亿。那么这几年北京盖了几家医院？人口增加了这么多，没有再盖医院，看病当然是难了，当然是有体制上的问题。现在人们也想着干什么事情都得第一，看病都到协和，上大学都是到北大、清华，都是要一步登天，也有国家引导的问题。但是问题是，北京这几年除了扩建以外，新建了哪个医院？80年代初搞了个中日友好医院,那算是一个新的。80年代初,那还是穷的时候。这几年一个医院也没有盖,钱都投资到别的地方了,所以看病贵,看病难,目前是个问题。

北京现在没有新建,但是扩建了不少,大医院都盖了大楼。现在有一些地方是体制上的原因,比如说深圳。深圳的本地户口就300多万人,但是实际在那里生活的人是1200万,像样的医院少,大学就一个——深圳大学,他的观念就是发展经济了。现在我们体制是两种体制,一部分就是像北京、天津、上海、深圳,市长、书记的任务就是服务有户籍的人。深圳就是300万,但那1200万人在这里干活,他病了得看病。我看了材料说有1000多个黑诊所,那能不出问题吗?比如说昆山,本地人60万,外地人100万。外地人100万不在他的建制里面,因为这100万是外地人,早晚得走。实际上不是这样,这是户口制度造成的。比如说北京,现在北京户籍人口加上常住人口,包括农民工、外来打工的、做生意的可能是2:1,本地人1000多万,外地人400多万,本来两个人的医院现在三个人看,当然紧张了。体制上根本就不在他们考虑范围之内,这是第一。其次是看病贵。现在当然可以说买药太贵了,手术费太贵,实际上这个问题在哪?我在这里说一个事情,就是一个现代化的政府,赚了钱干什么?从经济上赚了钱就是搞社会保障、公共服务、社会医疗。我们当然做不到发达国家那样,说看病统统免费,这个做不到,但是有好多问题,比如禽流感等等大的病国家当然应该要掏钱,有一些敬老院国家当然要掏钱,把钱主要是放在公共服务、维护社会安定和进步上,不要搞那么多汽车厂,搞那么多钢铁厂。我们不是,我们现在为了财政收入,要办厂,要跟外商谈判等等,所以投入方面也只是个零头。

我查了一下材料,这些年的投入,医疗费增加的部分,政府没有增加应该增加的比例。其实教育也是这样，教育法已经定了占 GDP 的 4%，发达国家都是 GDP 的 5%、6% 拿来搞教育，而我们到现在 20 万亿的 4% 的话就是 8000 亿，那学校至于这么穷吗？因为各种原因，各级政府都去干别的了。我这里有个材料，医疗总费用，比如说看病用了 100 元钱，发达国家如英国政府能够提供 69 元钱，69% 是政府掏。欧洲都比较好一点儿，都在是 60% 以上，美国差一点，美国政府是掏 39 块钱，美国是买医疗保险的，所以自己出的钱多一点儿。而一般的发展中国家比如说像印度、泰国都是在 30 元钱左右。我们多少呢？我国的卫生部长讲，1980 年至 2004 年，我们国家的卫生总经费，不管是个人的、集体的、国家的，1980 年是 143 亿，到了 2004 年增加到 7590 亿，倍数是上去了，快几十倍了，但是国家卫生总经费大部分是由个人负担的，居民要担 53.6%，也就是国家只拿 16% 到 17%，而且这 16% 至 17% 大部分都是在城市里，农村还没有跟上，所以农村缺医少药的情况在有些地方是相当的严重。所以咱们现在都在摸索，过去都没有经验，现在一对比就知道了，比如说我们在经济和社会的发展关系上是有问题的。这几年社会事业没有发展上去。讲经济建设为中心是对的，但是把经济中心从第一强调到唯一，强调就搞 GDP，别的都不管了，牺牲环境，牺牲教育，牺牲医疗，集中来搞招商引资，办企业，那肯定不行。现在 GDP 挂帅肯定是不行的，所以要改革体制方面的问题，这是我讲的第二个问题。

第三个问题，我们经济发展了，财富也增加了，但公正合理的收入分配制度却没有适时建立，收入分配秩序比较混乱。拿一句通俗的话讲，80 年代改革开放初期，那个时候教授、副教授住房困难，出差也困难，写了稿子出版也困难，等等。当时的领导给我们说，现在 80% 的问题都是因为穷，小平同志提出以经济建设为中心,把经济搞上去,这些问题就好解决了。就是我们现在所说的把蛋糕做大了,就解决了。现在20、30年过去了,蛋糕做得比我们想象得还大,图书馆没有想到盖两个图书馆,比我们想象得都好,但是现在问题不是都解决了,而是有一些问题更多了,牢骚、意见更多了。什么道理呢? 我觉得第一切蛋糕的规矩没有公正合理地建立起来,第二有一部分掌握切蛋糕的刀的人也不太公平、不太公道,私心太重,所以出了这么多的问题。现在据我们研究,为什么外国人认为我们中国这10年简直不得了? 大家回想一下,10年前和今天,1997年到现在,这10年中国真的是大变了。但是恰恰也是这10年社会问题增加了,社会矛盾增加了,什么原因? 我在这里简单说一个意见,80年代初期,搞社会主义市场经济的时候,经济每年7%、8%地上去,特别是农业变化很大,粮票不要了,油票不要了,布票不要了,大家都很高兴,整个国家从干部到群众、从知识分子到工人都认为比较好,那个时候应该说社会矛盾没有那么多的,当然也有意见。什么原因呢? 我们社会学研究认为是这样,90年代中期以后是发展快了,但是也恰恰是90年代以后城乡差距扩大了,地区差距扩大了,人与人之间差距扩大了。什么原因? 我想有这么几个问题。第一,90年代以前,大家的意见为什么不大呢? 老板、明星挣得都多,比如说一年增加50%、60%甚至翻番,但是工人、农民也是增加3%、5%、7%,都在增加。但是从1995、1996、1997年以后,一直到现在,一方面增长得很快,有些人发得也很快,甚至翻番,国家的财政收入从几千亿到几万亿,这是好的一面,中国这几年经济增长是快了,但是另外一点,一部分人财富的大量增加的时候,另外一部分人他的财富不是增加的,而是下降的。我们研究大概这么三部分人,一部分人是在大中城市郊区、珠江三角洲、长江三角

42

洲,这些城市化、工业化搞得好的地方。这几年搞城市化、搞工业园、搞大学园,低价侵占了大量的农民的土地,包括北京。原来三环路周围都是空的,都是种白菜的,现在看都到五环了,五环外面都满了。这些地,在国外来说,城市化的过程中农民都发大财了,从几万块钱到几十万、几百万一亩,人家是私有的,你占他的地可以,但是要等价交换。咱们给不起,咱们如果 1000 块钱 1 年,30 年就给 3 万块钱,了不得了,而一转手就是 300 万、500 万。上次我到温州去,听说他们已经有卖到 3000 万 1 亩的地了。但是中间的钱都是政府拿了,各级政府分的,然后是老板的。那么这一部分失地的农民,据全国看到的数据大概是 4000 万人,有一部分也发财了,但是大部分人收入是下降的,因这个问题上访的、上告的很多。这一部分人是 4000 万人! 第二就是失业下岗。一些国有企业破产了,转制了,合资了,然后职工下岗了,总数在 3000 多万人,这是工人。据我们调查,当然也有置之死地而后生的,也有发财的,但是大部分人不管怎么安置,收入都是比原来减少了。第三包括北京,城市扩大规模过程中、改建过程中,拆迁的那些居民户。现在拆迁的条件越来越好了,像前几年 10 平方米给 1 万块钱就了不得了,但是原来 10 平方米是可以住的,现在变成单元房了,10 平方米下不来了,10 万块钱一套房子肯定是下不来的。这三部分人加起来,这些年他们担了改革发展的成本,包括我们在座的,拿工资都是跟着水涨船高,都是属于既得利益者,但是那 8000 万人,包括他们的家属在内,这些年不是得到改革开放的成果,他们是担着成本了。所以为什么这次文件里有那句话呢——层层共建,层层共享。应该说改革开放以来,财富增加了几十倍,应该是能解决这些问题,但是现在有这么多的困难户。所以社会为什么产生这么多的矛盾,我看和这个是有关系的。社会分配里面是这样的,这是第三。

第四,经济发展了,社会管理相对落后,社会秩序失常,社会治安状况不好,要进一步改善。不是有了高楼大厦、大马路、大工厂就是现代化,还必须要有人管,必须有人教育,必须整个管理水平要跟上去。现在我们就知道建,建设了好多大中城市,跟国外比都是不差了。但是现在交通堵塞,道路走不通了,环境污染了,社会秩序混乱,治安差,这些问题并没有解决。而这个事情确实不是一个人、两个人的事情,群众本身的水平要提高。我这里就讲一个例子,比如说交通事故,我国每年的交通事故死人,也是世界第一了。我们高速公路现在是全世界第二,1988 年才有第一条高速公路,而现在我们已经接近 5 万公里的高速公路,连内蒙古、青海都有了。高速公路投入了,那些安全设施、安全教育、安全规范都要搞,但是有欠缺。我说几个数,1982 年全国交通事故死的人 7916 个,到 1985 年就增加很多了,到 2001 年超过 10 万人,达到 105930 人,增加 10 余倍。2002 年最高,109381 人,这两年有所下降,2005 年 98738 人,一年交通事故受伤的几十万都不算,光死的就接近 10 万,有几年都超过 10 万的。

另外就是社会治安,前面讲到分配不公,贫富差距太大,引起了这些问题,那么社会矛盾就增加。北京前一阵子抓了一个人,他原来就是下岗的,找了份工作,加上退休以后挣的钱还不如原来多,生活水平也就是下降了,所以他非常不满意,对那些有汽车的人有意见。他专门练扎车胎,扎了大概 100 多辆,后来抓住了。夏利车也扎,宝马车也扎,他不是专门对富的人,反正他有气,这个矛盾不知是怎么造出来的。有个材料,比如讲北京,协和医院门口有倒票的,倒票的人里面抓起来审,10 个里面有 7 个是下岗工人、失地农民,因为他得生存呀,而且他们还有气,所以这几年社会矛盾比较大。

我给学生讲课的时候就讲到现在刑事犯罪率、一年抓多少人,这都是保密的,一般看不到。但是你到一个地方去,这个地方的治安好还是不好,你得看铁栅栏。一层的窗户上有铁栅栏的,那是防君子的,没有跳,二层、三层有铁栅栏,那就说明这地方有一点问题。当然五层、六层、七层、八层都有铁栅栏,这种城市晚上 11 点以后千万别出门。现在南方有些城市的楼顶都用铁丝网罩起来了,人都在铁笼子里,那怎么能太平,怎么能和谐。这不用问,一看就知道不和谐。原来我们以为是穷了才吵架,穷了才有矛盾,现在不是,现在我们的调查是这样的,越是富的地方越不和谐,对政府的意见还越大,这个事情就不好办。前些年,我当社会所所长,《社会形势蓝皮书》是我主编的,每年发行几万份。有一年我们有个调查,说农村的幸福感、对政府的满意度超过城市里面。比如说农村 70%,城市只有 40% 多一点、50% 多一点。当时我也没有注意就发表了。发了以后,各地就打电话来,我有几个老同事从外地打电话来骂我,说现在农村都穷成这样,你说它比城市的幸福感还高,这不是胡说八道吗?我是主编压力很大。后来调查几次还真是这样,你看看贫困县的满意度比北京要高,外地的比北京要高,上海、北京并不高,这和发达国家满意度不高、一些发展中国家满意度很高是一样的。所以我们现在是到了要解决这个问题的时候了。一个正常的国家,一个好的国家,应该说是坏人少,坏人犯了事你把他关到铁笼子里面去、牢里去,天下就太平了。现在不是这样,坏人抓不完,所以只好建铁栅栏把自己封起来,住在铁笼子里面,这个社会怎么和谐得了?所以我们要研究这个问题,原来想经济搞上去问题都解决了,而现在经济搞上去了不太平了。

第五个问题,体制上的问题、制度上的问题。研究一下我们这几年,经济体制改革了,按照市场经济的规律去办了,所以经济上有问题,但是基本解决了,所以运转得这么快,各省各地的农业、工业都可以。但是我们经济体制旁边还有一个社会体制,我们社会体制到现在还没有改革,基本上还是当年计划经济的那一套。事业单位现在3000万人,这些事业单位说得难听一点基本上还是凭良心、凭党性在工作。它的管理和工厂、企业不一样,而到底用什么方法管,恐怕要想一个办法。有一个经济体制改革委员会,现在解散了。让我看这3000万人应该成立一个社会体制改革委员会,看看图书馆怎么管,学校怎么管,大学怎么管,中学怎么管,医院怎么管,社科院怎么管,科学院怎么管。现在这些问题年年都在改,但是基本的问题没有改,行政单位越来越大。我到有些省里社科院下面的一些单位看,150人的一个研究单位,光司机就有7个,真正研究的人才30、40个人,医院也是这样,大学也是这样。国外的大学里的主体就是教员,就是讲师,就是助教,是以这个体系为主,办事人员、办公人员是很少的,而我们现在办公的有保卫处的、工会的、妇联的等等,在国外是不可能的。所以现在班子小的服务差、办事难,老百姓意见很大。不从体制上改肯定是不行的。现在一些大单位,像我刚才所说的一些大单位,就是一个大企业,要用福利的办法,用其他的办法都不好办。但是到底怎么管?比如说协和医院去年营业收入13个亿,相当大的一个大企业,百货大楼能不能卖13个亿我不知道。医院应是一个提供公共服务的单位,或者是一个事业单位,你想他怎么来运转。

第六个方面,我们社会学在国际上来说,比经济学问世得晚,大概社会学到现在也就是160多年的历史,但是它是随着工业化、城市化发展起来的,是解决工业化以后产生的两极分化、贫富差别大、离婚率增加、犯罪率增加等现象,来研究它为什么产生这些问题、将来怎么解决。社会学是研究这

个的,所以第一本书到现在也就是 100 多年。但是从 20 世纪
一次大战以后、二次大战以后发展得非常迅速,在国外基本
上经济学和社会学在社会科学里面是两大显学。比如说,社
会学家有的时候比经济学家的地位还高。前面我讲了,发达
国家往前走是以社会发展为主了,人员也差不多相当,社会
工作人才也越来越多,比如说社会保障、社会心理咨询等等。
但是我们中国不一样。比如像美国这样的,经济学还是多,
比如说社会学家 100 人的话,经济学家是 150 人,一般都是 1
:1.5,在欧洲一般都是 1:1.2。最近我查了查中国的,现在我
们搞和谐社会建设要讲社会工作人才,要有社会工作者,后
来一查出了问题。我提供这样一个数据,现在我们全国的社
会学的博士点,只有 16 个,北京 4 个,西北、西南两大区都没
有,加上文化人类学 25 个(人类学也算社会学的)。经济学
有 405 个点。2005 年社会学招了 160 个博士生,经济学招了
2720 个博士生,硕士上万,经济社会怎么协调? 现在这一次
文件专门讲了一下,要建立一个社会工作者的宏大的队伍,
结构要合理,素质要优良。1978 年的时候,中国社科院没有
社会学所,经济所 1 个,中央讲经济研究为中心以后,1 个变
成 8 个。社会学所 1980 年建的,建到现在只有 1 个。现在要
把社会建设放在特殊重要的地位,那谁去办? 很多问题现在
还说不清。所以从这一点来看经济、社会也不协调。

所以我觉得中央现在提出来要建设社会主义和谐社会,
得到了全国的响应,得到了全国的欢迎,这是跟现在的需要
有关的。经济建设是上去了,但是如何分配好、如何协调好
社会关系,使得我们的经济、社会能够协调发展、共同繁荣,
那还是一个大问题,并没有解决。

最后一个问题,就是第三个问题。我们现在应该用科学
发展观指导思想来指导、统筹城乡发展、经济与社会发展,使

得我们经济、社会能够协调起来。说共同富裕是社会发展的成就，也使得我们社会能够更加健康全面地发展。

现在有这么几个问题，第一就是首先从观念上解决这个问题。从中央来说，要从考核干部的标准上来解决这个问题。我们现在已经进入了经济社会协调发展的阶段了，但是我们现在经济、社会很不协调。不协调对经济发展不利，对社会老百姓的利益更不利，所以中央提出来要搞社会主义和谐社会的建设是完全符合实际的。中央提出来要把构建社会主义和谐社会放在更加突出的地位。要和谐，发展当然不能停了，经济还是要发展，但是这个发展应该包括社会发展，注重调整社会结构、发展社会事业，注意调整分配，把管理搞上去。现在我提了一条，你的 GDP 13% 也不行，你的失业率超过 5%，社会治安不好，那就说明你这个官没有当好。对干部的考核指标也要列进去，这是第一。

第二就是我们经济体制改革进步了，但社会体制改革还没有跟上去。现在的问题是社会体制没有搞好，计划经济体制不光表现在经济建设、经济体制上，而且也在社会体制上。现在的这套社会体制是当年学苏联的，而现在的经济体制改了，社会体制必须改。现在有些体制是为了完善计划经济体制而建的，比如户口制度，哪个国家也不这样，就是为了控制农民，不让农民进城而搞的。现在计划经济体制都改掉了，那为什么户口制度留下来了？留下来就要命了。现在农村的什么城里面都要，粮食要的，棉花要的；农村本来缺钱，但农村存的钱都往城里面用。我们劳动力要，但是人不要，所以就有农民工，但是没有户口，所以产生了一系列的问题。2005 年北京市的城市规划修改、社会发展这一块让我去管，我后来给市里面说，现在北京市有几个大的矛盾要解决，有几个二元结构。比如说原来是城乡二元结构，好处是北京城用一个圈圈起来了,农民在外面差别再大看不见。现在一来农民工,城乡二元结构进城了,哪个单位都有,一厂两制、一校两制、一院两制,像我们社科院里面看门的、扫地的、做饭的都是农民工,大学里也是这样;工厂里更是了,一条生产线上有北京市户口的、有农民工。这个不要紧,干活是一样的,但是到了分配时就不一样,你的工资是 3000 元,他的工资是1500 元,你有住房补贴、暖气补贴、医疗保险,但是他没有。这样的话就坏了,原来城乡差别大看不见,现在都在一起,能没有矛盾? 为什么现在社会治安这么严重,就跟这个有关。

　　另外城乡差距搞得太大了,现在咱们是 3 倍、4 倍,国外是 1.5 倍。农村收入是可以少一点,空气不要钱,水不要钱,但是不能像咱们这样少好几倍呀。北京搞好了,河北等周围几个地区都搞不好,那北京能太平吗? 北京井盖都看不住,每年都丢 1 万多个井盖,为什么? 差距太大了。当然地区差别不是北京的事儿,是国家的事儿,这个只能通过改革来完成。两种制度在一起是不行的,社会是市场经济了,但工人是农民工,这样肯定不行。这一届政府给予农民工的政策好多了,是有缓和的希望的。我现在研究一个大问题,就是一个工厂里面,一个企业里面,应改的方向是农民工变成工人,而现在很多农民工干了工人的活,但是没有进入社会经济的队伍,不就是这个问题吗。现在我们要同工同酬,而现在是同工不同酬、同工不同时、同工不同权,权力都不一样。我们现代化要搞下去,不是要退到 60 年代,农民工应该工人阶级化,应该变成工人、职员、熟练工,应该变成城市里面的中产,这才是方向。这个事情我觉得总体来说是进展了,因为经济在前行,社会在前行,总是要解决的,现在不解决,将来要解决。我的意思就是户口问题要解决,就业政策、体制上我前面已经讲到了,包括医疗、教育、卫生这些体制上的问题要逐渐地解决就可以了。

第三点就是我们现在有一些问题跟我们的分配不公有关系。我们现在经济发展的速度从上到下总是觉得还是越高越好，所以我们现在好多钱都放到那边去了，改善人民生活、搞些公共服务建设等，但在分配上的比例就总是上不去，所以可能也要调整国民收入的分配政策，尽量跟消费的关系弄好。投资基本建设与投资公共事业的关系，我们现在还未处理好，我们国家图书馆建起来了，地方不一定有图书馆，比如说每一个乡镇都应该有的，但是现在不是都有。这个原因就是我们没有把钱用到应该用的方向上去。

我要讲的七个问题就讲到这里。总体的问题就是中央提出来构建社会主义和谐社会完全符合要求，这是老百姓盼望的事，现在已经见点儿成效了，所以我觉得情况会越来越好。

陆永品

庄子文学的艺术特色

　　陆永品,中国社会科学院研究员、中国作家协会会员。1963 年于复旦大学中文系毕业后,即分配到中国科学院哲学社会科学部(即现在中国社会科学院)文学研究所从事古典文学研究工作。主要著作有《老庄研究》、《司马迁研究》、《诗词鉴赏新解》、以及《李商隐诗选》、《唐宋词选》(合著)、《唐宋词选讲》(合作)、《庄子选集》、《庄子选译》、《庄子通释》、《庄子选评》、《史记论文·史记评议》(点校整理)、《爱国诗人——屈原》(普及读物)。主编《中国古典文学名著分类集成》(先秦两汉部分)、《俞平伯名作欣赏》等,并发表学术论文数十篇。

庄子是老子的后学,继承并发展了老子的道家学说,是道家的集大成者。庄子是著名的哲学家、文学家、美学家和思想家,在中国哲学史、文学史、美学史和思想史上都占有极其重要的地位。庄子与儒家的孔子、孟子不同,孔子是著名的教育家和思想家,与老子同时,稍晚;孟子与庄子同时,是著名的思想家。孔子的《论语》集中表现了孔子的思想,它教育学生和世人如何学习、修身,怎样做人做事,怎样治理国家。《论语》是语录体的著作。孟子作为思想家,他的文章具有很强的雄辩性、理论性。《庄子》之书则与之不同,其中除《胠箧》篇为说理文之外,其余22篇都是寓言故事,这些寓言故事中,皆能表现出庄子的哲学思想、文学思想和美学思想。所以,我在拙著《庄子通释》的书背面上,写了这样几句概括庄子学术思想及其人生的诗句:"南华老人——哲学家的睿智,文学家的风采,美学家的情趣,思想家的胸怀,自由洒脱淡泊的人生!"

正是因为庄子的学术地位非常高,所以,现在全国争说是他的故里者,起码有五个地方。

这么多地方争说是庄子的故里,并以此引荣,这也并非仅仅是因为庄子的道家思想及其学术地位颇高的缘故,其中还有为了发展地方经济和旅游事业的目的,可能以此为目的成份居多。全国有哪五个地方争说是庄子的故里呢?山东省就有三个,即山东冠县说、山东东明县、山东菏泽,此外,其他省的还有河南省民权县、安徽省蒙城县。究竟孰是孰非呢？这里，就简单地向大家分别予以述说，并谈谈我的看法。虽然庄子的生卒年不详，但关于其故里、时代、为官等，司马迁在《史记·老子韩非列传》里却作了记载，他说："庄子者，蒙人也，名周。周曾为漆园吏，与梁惠王、齐宣王同时。"司马迁说庄周为蒙人，并未说明蒙地在何国。因此，后人对此便有不同的诠释。如唐代司马贞《史记索隐》引班固《汉书·地理志》谓蒙在梁国，又引刘向《别录》谓庄子为"宋之蒙人"。据此，自古以来，学者们对庄子故里即产生了各种不同的说法，也是公说公有理，婆说婆有理，一时难辨真伪。但是，毕竟只能有一种说法接近事实，或者说是正确的。究竟庄子的故里在何处呢？

先说安徽省蒙城说。据《元和郡县图志》记载，西汉至唐初并无此蒙城，唐代天宝二年，方改称此蒙城。显然，此蒙城与战国时代庄周为蒙漆园吏之蒙城沾不上边。逮至宋代元丰元年，蒙城知府王竞心血来潮，在此蒙城建了庄子祠堂，苏轼又为之作《庄子祠堂记》，有些学者即以此作为主要依据，便认为庄子故里在安徽省蒙城。众所周知，苏轼为豪放派词人，当年他被贬为湖北黄州（今黄岗市）团练副使时，曾撰写了脍炙人口的名词《念奴娇·赤壁怀古》（大江东去）、散文名篇《赤壁赋》。苏轼的词赋里所写三国时"赤壁之战"之赤壁，并不在黄州，而在湖北蒲圻县西北的长江南岸。由此亦可说明，苏轼的《庄子祠堂记》是不能作为庄子故里在安徽省蒙城的依据的。若以濮水流经那里，庄子曾在濮水垂钓为由，就说庄子故里在安徽省蒙城，这亦不能说明问题。因为，当时濮水流经的范围较广，只此一条也不能作为庄子故里在蒙城的理由。我是安徽省宿州人，也不能感情用事，就说庄子故里在安徽省蒙城。

庄子故里在山东冠县说，其理由也不能成立。班固《汉书·地理志》说蒙属梁国，但亦未说明所在方位。梁国即魏国，魏惠王将国都从安邑（今山西省夏县）迁至大梁（今河南省开封市），又称梁国。冠县不产漆，也无漆园、庄子钓台等记载。仅因冠县古有蒙之称谓，部分学者即认为庄子故里在冠县。显而易见，此说是缺乏历史根据的。

庄子故里在山东东明说、河南民权说、山东菏泽说，都是有根据的。尤其是菏泽说，并非无稽之谈。据考，菏泽古代有漆园城，有濮水流过，有庄子钓台、庄子观等。尤其近年来，在菏泽地下挖出唐玄宗册封庄子为南华真人的石碑。唐玄宗信仰道教，酷爱《庄子》，封庄子为南华真人，称《庄子》之书为"南华真经"，不可能为随意妄为。据此，说庄子故里在菏泽，颇为可信。若以后在地下挖出新的史料，能动摇此说，那另当别论。

庄子作为道家的集大成者，这样一位赫赫有名的大人物，其活动范围也不可能只局限在菏泽。山东菏泽与山东东明和河南民权相毗邻，庄子故里在菏泽，他也会经常到东明、民权一带活动。东明和民权留下庄子的遗迹，就不足为奇了。依我看，菏泽、东明和民权三地，可以联合成立庄子研究中心，共同研究庄子学说，就没有再争论庄子故里的必要了。还是孔子说得好："礼之用，和为贵，先王之道，斯为美！"（《论语·学而篇》）

刚才把庄子的故里交待了。他的书，现在传下来的就 33 篇。之前不止 33 篇，班固的《汉书·艺文志》记的是 52 篇，司马迁《史记》庄子本传所记的还多出几篇。原来他写的文章可能很多，经过秦朝的焚书坑儒，烧了一些，又失传了一些，到晋代郭象编书的时候，仅 33 篇。现在留下来较早的就是郭象的《庄子注》，还是比较权威的，是研读《庄子》的较好版本。

我刚刚说了，庄子是道家思想的集大成者，他的书反映了道家思想。庄子的思想很玄虚，所以，世人称《老子》、《庄子》和《易经》为三玄。庄子的寓言、小说、散文都非常难懂，字面上能看清楚，但意义是什么就很难懂，不像《论语》，别人一看就清楚了，也不像孟子的散文那样好懂。我先给大家留一个题目，即"纪渻子为王养斗鸡"这则寓言究竟说明什么？在我这本书里面，每一篇寓言的主旨是什么，我几乎都说了，但是这一篇我没有正面说，目的就是要留下让大家思考。读庄子的书难度很大，寓言故事又很多，除了《胠箧》篇是正面谈理论的文章以外，其他的都是散文、寓言、小说。按照司马迁所说，他的十余万言大体都是寓言。如果讲课，咱们一块讨论，我可以从一个寓言、两个寓言讨论下去，但是今天不能这样谈，我是按照问题来谈。就谈下面四个问题。

第一个问题，庄子散文的雄奇怪诞的艺术意境。他散文的艺术特点很多，不可能都谈。为什么要谈这个呢？因为牵扯到浪漫主义。第二个问题，庄子讽刺文学的艺术，也就是辛辣冷峭的讽刺艺术。什么叫冷峭？冷峭就是尖酸刻薄的意思。为什么谈这个问题呢？他是讽刺文学的大师，也是讽刺文学之祖。第三个问题，庄子令人耳目一新的寓言故事。为什么谈这个问题？庄子是寓言之祖。第四个问题，庄子小说的奇趣怪味。为什么谈这个问题呢？庄子是中国文言小说之祖。如果时间不够，最后一个问题就不谈了。

第一个问题，就谈庄子散文的雄奇怪诞的艺术意境。为了谈得方便，我们分几小点来谈：一个是雄奇宏伟的艺术，一个是警辟奇险的艺术，一个是怪诞的艺术。

第一小点，雄奇宏伟的艺术意境。这在《庄子》里面有很多地方都表现出来了，譬如说《逍遥游》。大家都知道，如果你研究《庄子》，《逍遥游》是第一篇，连中学生的课本都有，它是《庄子》中很重要的一篇文章，既是文学著作，也是哲学著作。《逍遥游》写大鹏展翅九万里的故事，写得气势磅礴，很宏伟，气势非凡："北冥有鱼，其名为鲲。鲲之大，不知其几千里也。"北冥就是北海，说它有个鱼，名字叫鲲。鲲有多大呢？不知有几千里。这个写法从来没有。"化而为鸟，其名为鹏"，又说这个鱼变化为一个大鸟，它的名字叫鹏。"鹏之背，不知其几千里也"，你看看，鹏的背也不知道有几千里，这个鹏有多大，这个鸟有多大！这个大鹏"怒而飞"，"怒"是奋翅而飞，不是发怒，"其翼若垂天之云"，说它飞起来，翅膀就像垂在天边的云彩一样，你说有多大！之后又引志怪书《齐谐》，说"鹏之徙于南冥也"，从北海往南海飞，"水击三千里"，说激起的浪花就有三千里，"抟扶摇而上者九万里"，说能飞到九万里高，咱们现在喷气式飞机也达不到九万里。"去以六月息者也"，即飞了六个月才飞到南海，才休息一下。所以说大鹏展翅九万里这个故事写得非常雄奇、宏伟、浪漫、大气磅礴，历来受到文人墨客的称赞。这个就是庄子第一篇，开篇就写出大鹏展翅九万里这种气势。后来的有志者就把鲲鹏比喻成自己的壮志，毛泽东诗词把我们祖国蒸蒸日上的情形比喻成大鹏。李白把这种雄奇壮阔的境界赞美了一番。李白是浪漫主义诗人，他说："南华老仙发天机于漆园，吐峥嵘之高论，开浩荡之奇言。征至怪于齐谐，谈北溟之有鱼……五岳为之震荡，百川为之崩奔……吾亦不测其神怪之若此，盖乃造化之所为。"他看到之后感到很惊讶，说这样一篇文章，可能是造物者所为吧，赞美不已。李白的高度评价，可以说也是前无古人后无来者。《逍遥游》这样一则雄奇宏伟的篇章，其夸张程度，我不知道大家看到过16世纪欧洲文艺复兴时期法家作家拉伯雷的《巨人传》没有，《庄子》要远远胜于《巨人传》。《巨人传》我还是上大学的时候看的，其中说一个巨人到白菜地里面去吃菜，把种菜的人一起吃到嘴里，人又从巨人牙缝里爬了出来。《巨人传》比《庄子》要写得晚，《庄子》写于2000多年前，但却比《巨人传》写得还要夸张，更为出色。

《外物》篇还有一则最为壮观的寓言故事，写任公子钓鱼。任公子钓鱼，在哪里钓呢？说任公子用大钩、大的钓竿，蹲在会稽山上，投竿东海钓鱼，你说他的竿得多长，他的那个大绳有多长、多粗！他用50头牛做钓饵，天天钓，钓了一年大鱼才上钩。大鱼上钩以后，挣扎着潜入海底，搅动海水，波浪滔天，声如鬼神。好不容易把大鱼拉上来了，晾干后剖开，大半个中国都饱食此鱼，你说这个鱼有多大！这是浪漫主义的手法。中央电视台一个节目打电话给我，问这个寓言故事是不是庄子写的。我说是他写的。他说鱼饵是50头牛的牛筋，还是50个什么东西？我说是50头肥牛。这个浪漫夸张的手法是世上绝无仅有的，《巨人传》是不能与其相比的。这种气势，这种情节，让大家看了以后确实从中得到享受，这是一种艺术享受。

庄子的《秋水》篇，他的用意很深，我现在不说，先谈其文学艺术。《秋水》篇说"秋水时至"，写的是秋天下大雨，这个雨下得很大。文章开头说："秋水时至，百川灌河；泾流之大，两涘渚崖之间不辩牛马。于是焉河伯欣然自喜。"河伯是河神，就是黄河之神，在古代一般说"河"就是黄河，除非有特指，小沟小河都不算。河伯很高兴，看到这个水很大，"以天下之美为尽在己"，他以为天下最美的景象都在他眼前，这个河，水流这么大，他从来没有看过水面那么广阔，那么大，因此他大发感慨。但是他又看到河水"顺流而东行，至于北海"，即顺着水势向下流，一直流到北海，波浪滔天。"东面而视,不见水端",他到了北海往东一看,无边无际,茫茫的海洋,看不到水边,"于是焉河伯始旋其面目,望洋向若而叹曰……""望洋兴叹"这个成语就出自此处,其实"望洋"是望着太阳,他背靠大海而兴叹,不是望着海洋,但现在一般都说是望着海洋、望着北海兴叹。河伯"兴叹"什么呢?"野语有曰:'闻道百,以为莫己若'",他感叹自己过去没有看到大河波浪滔天的壮观,以为把河流的壮观景象都看完了,看了这个河流、大海以后才知道自己看的太少。一方面它写的是壮观的场面,另外它说河伯望洋,认为自己就是井中之蛙,知道得太少了,这是批评骄傲自满的人,以为自己掌握了一点小知识就好像是最大的权威了,别人再没能超过他了。《庄子》里面有好多咱们现在实用的、活的口头成语。庄子是个语言大师,《庄子》就是个丰富的语言宝库。它是一个富矿,还要不断地挖掘。

第二点就是警辟奇险的意境,这里我是用了古人赞扬他的一个成句。庄子的性格比较开朗,爱好比较广泛,他在很多方面都有很高的艺术鉴赏能力,他不仅能欣赏大自然的宏伟壮观的景色,同时对一些警辟奇险,好像杂技表演、绝技表演,也有深刻的艺术感受。在庄子所处的时代没有杂技表演的名称,但是我们从庄子的几则寓言故事中即可以看出,庄子在文章中写出来的,不光是字面上的东西,还有他深邃的哲理在里面,也有道家思想蕴含在里面。

比如《达生》篇,写"孔子观于吕梁"——在吕梁的河桥边,观看一个丈人游水的场景。他描写这个地方的瀑布,"悬水三十仞",一仞八尺,三十仞有多高?就是瀑布流下来,像李白写的"飞流直下三千尺,疑是银河落九天"这样壮观的景象。当然,李白是后人了。孔子看到"悬水三十仞,流沫四十里",流沫就是浪花,这个瀑布从山头上流下来,击起的浪花

59

流了40里。这水很深，"鼋鼍鱼鳖"都不敢到里面游。为什么呢？因为水太急。但是孔子看见一个丈人跳进了激流，当时他很紧张，想这个人是不是有苦衷，家里有什么问题？是不是想寻死？于是马上就让他会水的学生下去救人。但那水波浪滔天，他的弟子游了半天，浮游了300步，只见那个人"被发行歌而游于塘下"，从水里出来了，披头散发，唱着歌游到水塘旁边。孔子就说，我看你这个状况还以为是鬼呢，你还是个人啊？你为什么要这样？你游泳技术这么好是有道吗？他说是有道。这个故事的深刻寓意咱们现在不说了。这个场景是很惊心动魄的，庄子写这个，说明他也欣赏这种警辟奇险的艺术境界。

再举一个寓言故事。《田子方》篇写列御寇的寓言故事。我现在要说一下，《庄子》里面写的人物都有新的面貌，不是历史上的人物。他写的人物很多，把孔子、老子、帝王将相、美人丑女全都写进去了。他所写的这些人物，前后不是一致的，有人说这肯定不是庄子自己写的，是别人伪托的，或者是他的学生所写。庄子人很诙谐幽默，他是为己所用，所写人物，皆赋予了新的思想，变成一个新的人物。即使同一个人物，换了一个场合，又把这个人物以另外一个面孔出现。所以他写的列御寇并不是真人真事，而是一种寓言故事。"列御寇为伯昏无人射"的寓言故事，即为伯昏无人表演射箭技术，他引弓搭箭，置一杯水在胳膊肘上。他射箭的神情像个木偶，纹丝不动，"唰"一下，箭射出去，射中了目标，但是满满一杯水没有倾覆也没有倒下来，点滴不漏。这个技术相当高。而伯昏无人说他这样射箭是有心之射，不是无心之射。无心之射是怎么样的？他说，我登上高山，脚踩危石，你来射。于是他就登上高山，又站到危石上——山头上的一块很高的石头上，地势很危险，底下就是山涧，两只脚踩在上面。

60

他伸手招呼列御寇,说你来射我。列御寇一看,吓得坐在地上汗流至踵。这个故事写得很精彩,这是绝技,即便是杂技表演也很精彩,何况他是在一个山头石上、深涧边呢！古人对此曾赞叹不已,清代的刘凤苞就说,他真有"飞箭侠客"的那种技能。这就体现了庄子的一个哲学思想,即是说列御寇你有准备地去射,不是很自然地去射。如果我站在高山上,站在危险的地方,你却不受外界的影响,物我两忘,能射得那么好、那么准确,那你的技术才算达到一种精湛的境界。这说明,做一件事情不受外界影响,你的技术才能发挥到极致。他的这个寓言故事写得很好,从文学的角度来讲,警辟奇险,这是一种艺术意境,庄子确实不愧是伟大的文学家。

第三点就是怪诞的艺术境界。我刚才说到庄子笔下描写了社会上的各色人等,尤其是奇人怪人的形象,给人们留下了深刻的印象。他笔下的奇人怪人虽然都形象可怖,但是这些人都是得道之人,才智德行都超过常人。他写这些人,都注入了他的道家思想。

比如说《人间世》和《德充符》就写了六七个形体残缺的丑怪之人,但是这些人德行很高,都受到人们的欢迎和爱戴。《人间世》写了一个名叫支离疏的残疾丑怪的人,他的头、脸隐在肚脐眼里面,"肩高于顶"——两个肩膀比头顶还高,发指向天,五脏都向上长,丑的简直不得了。此人依靠缝衣和洗衣来糊口,挣出来的粮食却可以养活十个人。国家征召武士,他有病不能去服役,国家发给病号的粮饷他也不多要,只要"三钟、十粟"。作者认为他是一个有德行的残疾人,字里行间都流露出对他的赞美。《德充符》里面写鲁国有一个兀者,因为犯了罪被砍掉了一只脚。别看他受了刑,从他游学的学生与孔子的差不多。原话我就不说了,大家可以去看。他的奇怪之处就是"立不教,坐不议",即站立着不教学生,坐着也不议论。"虚而往，实而归"，"空虚"的人到他那儿去，回来以后就学到很多的东西，故谓"实而归"。你看他写的这个怪人，这就反映了他的道家思想——"不言之教"，即靠悟性。他这里面寓意很深，我不多说了。还写了一个丑人，此人奇丑无比，而男子见到他都不愿意走，都很喜欢他；结过婚的妇女见到他，都觉得"与为人妻"，不如为他的妾；有十多个人都要求干脆不当别人的妻子，就做他的小妾。凡此等等，就一一举例了。庄子写这些干什么？这反映了他的一个美学观点，即丑怪内德为美的思想。他明确地说，人的贵贱美丑不在于他的权势，"势为天子，未必贵也；穷为匹夫，未必贱也。贵贱之分，在行之美丑"。贵贱之区别在于人的德行，在于人的品行。所以《德充符》这篇文章可叫"怪人列传"，所写残丑奇缺之人，让人看到都害怕，却用来表现庄子的美学思想。

我再举个例子，《山木》篇写某地有个旅店的小老板，他有妾两个人，一个丑一个美，美的受到冷落，丑的受到宠爱。为什么？小老板说：那个美的她自觉很美，我不以为她很美，而那个丑的自觉很丑，但是我觉得她很美，因为她品行好。庄子所写的怪诞残丑、奇人奇事，反映了他的一种美学思想。他不是像孔子所说，君子如何，小人如何，如"君子喻于义，小人喻于利"。他不是这样说教，而是用寓言故事，让大家去体会。刘凤苞就对《德充符》评价很高，他说："凭空撰出几个形体不全之人，如傀儡登场，怪状错落，几于以文为戏，却都说得高不可攀，见解全超乎形骸之外。"这种赞美的话，写得挺好，很有见地。庄子在中国美学史上影响很大，后来以丑为美的那些画家也是受到庄子美学思想的熏陶。司马迁说"以貌取人，失之子羽"，也是说要看重德。今天我们选人用才也要看重品德，德才兼备，以德先。当然也不是说我们非得选用残疾人。我们要领会庄子的意思，意思是说人的德行、才智，我们要肯定他的德，不要以貌取人。

关于庄子散文雄奇怪诞的艺术意境就讲到这里。庄子的想象力很丰富，具有浪漫主义特色。庄子是浪漫主义之祖，在中国文学史上，对浪漫主义文学的发展起了积极的作用。我举几个例子，我国古代的浪漫主义诗人，大家都知道李白、苏轼、辛弃疾。李白就受庄子的影响，他很推崇庄子。李白的作品确实是从他那来的，如"黄河之水天上来，东流到海不复回"，如此等等。苏轼也是，他在文章里说"吾昔有见，口未能言，今见是书，得吾心矣"，庄子与他的思想很符合，引起了共鸣。所以他能写出"大江东去，浪淘尽，千古风流人物"此等气势磅礴的诗歌。辛弃疾是豪放派，是浪漫主义词人，他自己说："案上数编书，非《庄》即《老》。"为什么这些浪漫主义文学家那么推崇庄子？是因为受到他的熏陶，受到他的哺育，能够成就其文学的辉煌业绩，形成一种浪漫主义的文学风格。

下面再说一下浪漫主义文学问题。研究庄子，年纪越大体会越深刻，当然也与时代有关系。我1984年写《老庄研究》，其中所写庄子的浪漫主义，是根据高尔基的消极浪漫主义和积极浪漫主义概念写的，当时我认为庄子是消极浪漫主义，现在看来错了，大错特错。因此我后来又写了《论庄子浪漫主义的特色》，改变了过去的观点。为什么呢？高尔基的观点与庄子是文不对题，现在看来，庄子的散文完全是积极浪漫主义。庄子在文学艺术上的贡献是非常大的，包括在美学方面，尤其在文学艺术上，完全积极的，不是消极的。如果从他的思想对后代的影响来说，我过去认为积极影响和消极影响参半，现在改变了，我认为其可能在消极方面有一些影响，包括苏轼、辛弃疾，但是主要是积极影响。而在文学艺术上则完全是积极的影响,而且是取之不尽、用之不竭的。关于浪漫主义,过去以为是舶来品,实际不是。王国维早就在《人间词话》里提出了,他说作家有写实家,有理想家,理想家也是写实家,离不开写实。过去认为儒家是积极入世的,道家是出世的。其实道家也不是不食人间烟火的,看起来庄子文字上有些冷,实际他骨子里是很热的,他是很关心现实、关心民生的,他揭露黑暗社会,反对残酷的兼并战争。所以,我们应当看到庄子的浪漫主义是建立在现实的基础上的。但是毕竟现实主义和浪漫主义是两种不同的方法,倾向不一样。如从历史上来说,唐代诗人白居易、杜甫是现实主义,李白是浪漫主义,倾向不一样。但是庄子确实是浪漫主义文学之祖,后来屈原的《离骚》写上天入地追求理想国度就是跟庄子学的。刘熙载是清代的文艺批评家,他在《艺概》这本书中评论庄子的浪漫主义时说:"文之神妙,莫过于能飞。庄子之言鹏,曰'怒而飞',今观其文,无端而来,无端而去,殆得'飞'之机者"。《庄子》有那么多的寓言,一会儿写怪人,一会儿写奇人,有人不理解就觉得他没有什么思想。刘熙载就说,"庄子文看似胡说乱说,骨子里却尽有分数",意思是:你别看他是在乱写乱说,这都是为了宣传他的哲学思想、美学思想。所以,今天我们应当看到,庄子散文雄奇怪诞的艺术意境、他的浪漫主义风格对后代文学的影响是很大的。

下面谈第二个大的问题,《庄子》文学辛辣冷峭的讽刺艺术。庄子不愿意与统治阶级合作,他对黑暗社会不满,在蒙漆园那个地方做一个小官,后来他辞了,宁愿过贫困的生活,也不愿意做官。庄子文如其人,他为人正直,不媚权贵,对社会上很多丑恶的现象都能用辛辣冷峭的文字给予无情的揭露和抨击。所以刘凤苞说,庄子嬉笑怒骂皆成文章。嬉笑怒骂这种讽刺艺术,在庄子的书里具有鲜明的艺术特色。

庄子不愿意做官，《庄子》里好多寓言故事都是写自己的，下面我讲与讽刺艺术有关系的寓言故事。先说《秋水》篇，写他自己"钓于濮水"的故事。"濮水"，我从前没考证清楚，以为在安徽，实则在山东荷泽。庄子钓于濮水，楚王使大夫二人前往聘请他出来做官，说："愿以境内累矣！"就是说愿意把国家托付给他。庄子"持竿不顾"，对使者说，我听说楚国有一个神龟，"死亦三千岁"，国王用巾笥将其装起来，放在庙堂上供奉，"此龟者，宁其死为留骨而贵乎？宁其生而曳尾涂中乎"？庄子说要是我还是愿意拖着尾巴在泥里面活着！这是喻中设喻，表明他不愿意做官，愿意过清贫的生活。这是很生动形象的一种说法。《至乐》篇还有一则寓言故事写庄子愿意过着自由的生活，说在路边看到一个枯的死人骨头，便梦见这个死人给自己托梦，告诉他：我死无君于上，无臣于下，也没有四时之事，没人干扰我，很自由，以天地为春秋，南面称王也没有我快乐。言下之意就是不愿意做官，要追求自由。庄子这两则寓言就说明他不愿意做官，不愿意与统治阶级合作，他说这个社会太污浊、太黑暗，宁愿过着清贫的生活。这些他都用寓言来表现。

　　庄子的寓言很辛辣冷峭，冷峭意谓尖酸刻薄，讽刺得让对手无地自容。他的想象力非常丰富奇特，刘熙载说庄子"意出尘外，怪生笔端"。他讽刺的对象有的是朋友，有的是小人，有的是吝啬鬼，以及各色人等。

　　孔子说，"朋友信之"；庄子说，"君子之交淡如水"。惠施是庄子的好朋友，他们经常在一起辩论，探讨问题，惠施死了以后，他认为辩论没了对象。但是，庄子曾写了一篇寓言来讽刺惠施，有没有此事？这只是则寓言。其文说惠子，到梁国当了宰相，庄子作为朋友想去看他。有人告诉惠施"庄子来，欲代子相"，即想取代你做梁国的宰相。"于是惠子恐"，

"搜于国中三日三夜"，国就是国都，国中就是在国都之中，搜查了三天三夜。然后庄子就去拜会他这个老朋友。庄子很擅长比喻，喻中设喻，一个寓言里面层层设喻。此时，他又说了一个寓言："南方有鸟，其名为鹓鶵"，鹓鶵是凤凰之类，很高贵，比喻他自己。他说，你知道吗，鹓鶵这种鸟，从南海飞到北海去，不是梧桐树它就不停在上面休息，不是练树的果实它不吃，不是醴泉的水它不饮。但是鹓鶵看见猫头鹰叼着一只臭老鼠从他身边飞过，而猫头鹰以为鹓鶵要来夺它的臭老鼠，仰面怒目而视，吼一声："吓！""吓"就是怒斥之声。讲完这个故事他就告诉惠施，你也想用你这个梁国，像猫头鹰叼着臭老鼠一样来怒斥我啊？讽刺得真是尖酸刻薄。这是说做朋友不能以小人之心度君子之腹，去怀疑而不相信朋友。这是个寓言故事，讽刺得广泛，不一定就指惠施。我们学习古典文学要古为今用。我们当今社会，有好多好人好事，但是也有坏人坏事，朋友不讲朋友情义、只讲究金钱的大有人在。这则寓言有现实意义。"朋友信之"，"君子之交淡如水"，诚信很重要，没有诚信就不能和谐。钩心斗角、尔虞我诈，所以庄子要讽刺它。

庄子还讽刺那种不择手段取得荣华富贵的小人。孔子曰："君子喻于义，小人喻于利"。孔子告诉弟子，要与君子为伍，不与小人为伍，小人不择手段，什么事都能干得出来，为了一己利益，损害国家人民的利益。现在那些贪官污吏就是这种小人。《列御寇》篇写曹商出使秦国，受到秦王重用的故事。写得很精彩，文笔很犀利。曹商"为宋使秦"，即作为使者被宋国派到秦国。他去的时候"得车数乘"，一车四匹马拉为一乘。他到泰国后，不择手段，阿谀奉承，得到秦王的欢喜，"益车百乘"，给他增加了100乘车。曹商得意忘形地回来了，见到庄子，就夸他自己，还侮辱庄子。庄子以牙还牙，他用很犀利的语言来还击曹商。他说，秦王有病招医，"破痈溃痤者得车一乘"，即捅破他的脓疮坏疖子，才得车一乘；"舐痔者得车五乘"，即要能把秦王屁股上的痔疮给舐了，能得车五乘。"所治愈下，得车愈多"，说往下边越脏的地方，给他治好了就得车更多。他说曹商，你是不是给秦王舐了痔疮，"何得车之多也"？这是讽刺不择手段的小人。它虽是一个寓言，却具有普遍意义，也很有现实意义。

下面再说庄子讽刺虚伪的儒者。"道不同，不相为谋"，孔子在《论语》里反复提到。司马迁在《史记·老子韩非列传》里也说儒家和道家是"不相为谋"的。说学儒家学说的"黜老子"，学老子者也退儒学。司马迁说，儒家和道家思想是不一致的，互相排斥。庄子一直是批孔的。苏轼是尊孔的，苏轼在《庄子祠堂记》里曲解庄子的思想，说庄子是颂孔的。实际上庄子是批孔的。他的寓言《渔夫》篇、《盗跖》篇批孔批得很厉害，文笔非常锋利。《外物》篇讲述一个大儒和一个小儒晚上去盗墓，那个墓里面有好多的珠宝。小儒在墓洞里面，大儒在上面发话说，你工作很长时间，事情办得怎么样？小儒说，还没有完，他口里面含着珠子。大儒就一面念《诗经》中的句子："生不布施，死何含珠为？"，说你活着不施恩于人，死了以后还含着珠宝干什么？就让小儒小心一点，慢慢把嘴撬开，别伤着珠子。讽刺儒家满口仁义道德，讲得很好听，但是背着人却去盗墓，嘴里还念着古诗，讽刺得不遗余力。为什么庄子讽刺儒家那么厉害呢？庄子是老子的后学，孔子也曾经向老子去请教，做他的学生，但是庄子看到统治阶级利用虚伪的仁义思想来发动战争，剥削劳动人民，便认为儒家的仁义都是虚假的，他批判伪儒，揭露伪儒以诗礼为名，其实是挂羊头卖狗肉，欺世盗名，讽刺得很尖刻辛辣。明代陆西星就说："儒以诗礼名家，而所以教其弟子者，不过日夜剽窃古人之余绪,斯不谓之盗儒乎?"古人也很欣赏他这则寓言,刘凤苞就说:"诗礼是儒者之所务,发冢乃盗贼之所为。托名诗礼,而济其盗贼之行,奇事奇文,读之使人失笑。"

再举一个例子,庄子讽刺守财奴、吝啬鬼不愿意救助穷人的可憎嘴脸。他以自己的故事,讽刺守财奴不愿意接济朋友、接济贫困、救助朋友。《外物》篇有一则寓言,写庄子贫困,去向监河侯借粮的故事,写得也很精彩。庄子生活贫困,无粮为生,到监河侯那里借粮,这个人是他的朋友。庄子说你借一点粮食给我,他答应了,说你等我那个采邑收租钱的时候,我"贷给你三百金",行不行? 庄子说,我现在就缺那么几口粮食,你说等到收租金的时候,你再贷给我,远水不解近渴,你这是什么话。于是,庄子又讲了一个寓言:我来的路上看到车辙里面有一条小鱼,小鱼说,啊呀,我现在活不了,只要斗升的水就能活,你是不是能借给我活命。庄周就说:好,我借给你,你等我南游吴越的时候,激西江之水来迎你,行不行? 小鱼很生气地说,我失去平时生活需要的那一点水,现在已经没有地方生活下去了,你给我斗升之水就可以活了,你现在说这样的大话,等你弄一条大河的水来迎我,还不如到卖干鱼的市场去找我呢! 这就是讽刺那个监河侯,说你光说大话,也不愿意借给我粮食,你就是一个吝啬鬼。这个话说得很好,朋友之间平时侃侃而谈,好得像亲如手足,只要碰到一点冷暖,有点困难,要接济一下朋友,就一毛不拔。庄子讽刺这样的人,却有普通的意义。现在我们这个社会,是和谐温暖的社会,一方有难,八方支援。当然这个寓言也是跟杂文一样,具有讽刺意义,有劝善惩恶的意思。庄子的寓言故事对人都很有启发,能开发人的心智。《庄子》是一部奇书,在各个方面都能使你受到启发,受到教育。

庄子的讽刺文学说完了。在庄子之前写讽刺文学的作品和著作有一些,但是不多。《诗经》里面有两三首讽刺诗,一首《伐檀》,是写伐木工人的:"坎坎伐檀兮,置之河之干兮",又说那些白吃饭的"不稼不穑"君子,为什么看到你的庭院里有悬挂的干野兽?"彼君子兮,不素餐兮",说作为君子你白白吃饭是不应该的。还有一首《相鼠》是讽刺那些剥削者的,说他没有脸皮,还不如早死。另外《孟子》里面有一篇《齐人有一妻一妾》,说有个男子经常回家吹嘘说有人请客,酒足饭饱,喝得醉醺醺的。他的妻子就问他每天到什么地方喝酒。他说有一位贵人请他喝酒。在他出门后她就跟在他后面看看,现在叫盯梢,看到他每天跑到人家的坟头上,把人家祭祖的酒肉给吃了喝了。他的妻子就说,啊呀,丈夫干这种事,我们可怎么生活?这篇讽刺短文写得很精彩。但是比较起来,在庄子之前的讽刺艺术,都比不上他,所以庄子是讽刺艺术之祖。

　　下面再讲庄子令人耳目一新的寓言故事。看他的寓言能令人耳目一新、增长见识。庄子描写的对象很多,不像在其之前,以及现在,写的寓言一般都是动物、植物。庄子的寓言所写的对象,包括他自己在内,有老子、孔子、黄帝、禹,以及美女、丑女、仆人,可以说草木鱼虫、各色人等,他都可以信手拿来作为写作的素材、讽刺的对象、思想的寄托。他的寓言写作题材很广泛,但都是虚构的,他提到的黄帝、孔子、老子,都注入了道家的思想,不能与历史真实相等同。有个博士生的文章,说《庄子》里面有一些文章不是庄子自己写的,说它前后不一致,他认为庄子的思想都是一贯的,不一致就是别人伪托的。这个他没有研究透。庄子是把历史人物为我所用,在不同的场合赋予他不同的形象和面目,注入不同的血液,这必须要看透,不然就没有办法研究《庄子》。但是庄子在《天下》篇里即把他的文章分三种,即寓言、重言、卮言三类,实际上这三类就是一类,都是寓言。司马迁说《庄子》十余万字,大体都是寓言。古人有这个看法,近人呢？胡远濬也说过,庄子自别其言,有寓言、重言、卮言三者,其实重言皆卮言以及寓言者也。《庄子》书中的寓言故事,都是虚构的,不是真人真事。庄子的寓言故事还有一个特点,刘熙载说过庄子"寓真于诞",把真的事情寄寓于荒诞;"寓实于玄",把实的事情寄托于玄虚。他原话是这样说的:庄子"寓真于诞,寓实于玄,于此见寓言之妙"。

因为时间的关系,不能再多讲了。我再简单说一下庄子超脱的生死观。庄子对人的生死,他明确地说:"人之生,气之聚也。"是说人活着是气聚集着没散。"聚则生,散则死",说气聚集起来没有散出去人就活着,散就死了。这是很唯物的观点。《至乐》篇写庄子老婆死了他不哭,惠施批评他说,人家跟你生活在一起,给你生儿育女,你老婆死了你不哭,太过分了。庄子说,我开始也很伤心,后来一想,开始没有她这个人,她没有气,后来才有气有了人。现在她死了,就如同春夏秋冬一样安然躺在那,我要再哭,就"不通性命之情了",不懂人生与死的规律了。《列御寇》里有则寓言,写庄子将死,他的学生要厚葬他,他说不要,"吾以天地为棺椁,以日月为连璧,星辰为珠玑,万物为赍送",我什么都有了,还要什么啊？学生说,如果不厚葬你会被乌鸦和老鹰吃了。他说,埋在地下会被蚂蚁吃,不埋在地上会被乌鸦和老鹰吃,何必"夺彼与此,何其偏也",很旷达,具有超脱生死的观点。

人的生老病死,这是不可抗拒的自然规律,现在人们都应当学点庄子哲学,应当达观地看待生死问题。

最后,对庄子的文学艺术成就,可以这样来概括:在先秦诸子文学中,庄子的文学作品写得最生动、最优美、最富有个性化的特征,因而历来最受人们的喜爱。所以,鲁迅评价其文学说:"汪洋辟阖,仪态万方,晚周诸子之作,莫能先也。"
(《汉文学史纲要》)郭沫若评价说:"秦汉以来的一部中国文学史差不多大半在他的影响下发展。"(《庄子与鲁迅》)由此可见,庄子文学在中国文学史上占有何等重要的地位。

杜继文

漫谈中国佛教的一些特点

　　杜继文,1930 年生于山东青岛,1949 年参加革命,1954 年考入北京大学哲学系,1958 年任职于内蒙古科委和内蒙古大学,1984 年任职于中国社会科学院世界宗教研究所从事科研。曾任内蒙古大学哲学系副主任、副教授,中国社会科学院世界宗教研究所所长、研究员。现离休,受聘为中国社会科学院研究员、博士生导师,荣誉学部委员,《科学与无神论》杂志主编。主要从事中国哲学、佛教、当代宗教和无神论研究。

我今天想主要围绕中国佛教的一些特点来谈。现在就咱们一般的老百姓来看佛教,它有一个渠道,那就是庙、寺院,里面有佛、菩萨、罗汉,还有什么金刚天王。对于把佛教作为一种信仰的,佛教就是一种宗教。但是,按照佛教的理论来讲,这类信仰系统是属于俗谛的,就是满足老百姓需要的,它是一种通俗化的,主要是用来劝善求福的。真正的佛教可能是更注重它教义的方面,我就两个层次来讲。

佛教如果单独地讲很难讲清楚,如果跟其他的宗教做个比较,大家就知道佛教的特点是什么了。大家可能都知道犹太教、天主教、基督教、伊斯兰教这些宗教。犹太教是所有西方宗教的一个大本源,它们这个系统整个来讲我们称它为一神教,信奉一个神,叫上帝也好,叫耶和华也好,叫安拉也好,反正是一个,是唯一的,你讲神的话只有一个神,而且你只能崇拜一个神,任何人都不能再崇拜其他的神,如果崇拜其他的神的话,你就属于异端,受到排斥以至迫害。这个一神教是不允许你有其他信仰的。按照一神教来看佛教,它属于偶像崇拜,从它们的传统上来讲就是一种迷信。一神教有个很大的特点,世界怎么产生的呢?是上帝创造的;人是哪儿来的?上帝创造的。所以我们讲一神教的基本教义就是上帝创世人;人只有信仰那唯一的神,才能得救。

一神教把佛教看成是偶像崇拜,这是从它的寺院宗教来讲的。如果从教义上来讲,它就不称它为偶像崇拜。它称它为无神论的宗教。这个无神论的意思跟我们现在讲的无神论的概念是不一样的，在西方一神教文化统治时期，无神论就意味着"邪恶"，是一个最大最大的罪状，非常大的一个罪状。在中世纪，要判你一个无神论的罪名的话，你就属于异端，有可能要进刑场，可能判死刑的。当然，现在西方有一些文化人，也认为佛教是无神论的宗教。这里面就不是贬义了，就是说承认你也是一种宗教，但是属于无神论的，是跟基督教不同的一种宗教。

那大家可能要问，为什么要说佛教是无神论的宗教呢？一个很大的原因，佛教反对有一个创世的主宰一切的上帝，反对有能够创造一切、主宰一切的神。这个神，按照老百姓来讲是包括佛在内的，但佛也没有创造世界、创造人、决定人的命运的能力，没有，佛教否认这个东西。那么佛教里也有"神"，这又是怎么回事？佛教确实承认神，这个神叫天神，天上的神，或简称"天"。天不是有三重天吗，三重天即欲界天、色界天、无色界天。天，都是属于佛教修定过程想象的虚物，天神可以活几百年、几千年、几万年，甚至于到说不清楚的那么长的岁数。但是，在佛教里面把这批神都放在它整个的宗教观念里面，有人说是"三界六道"或说"三界五道"。放在这个范围里面，属于这个范围里的一"道"，世界上所有的生物、有生命的东西都在这个三界里面，统称"众生"。人在死了以后还会到另外一个地方去托生，现在我们活着的人可能是前一辈子转生过来的，它有一个转生的观念，有一个轮回的观念。就比如种稻子，一年四季，到了冬天该收割了，春天该播种了，轮回来去。那么你上一辈子很可能是天神，到了这辈子，你下来托生的话，很可能变成人了，当然现在的人很可能以后又变成天，当了天也可能变成恶鬼是吧，它属于这种思想。我们把这个教义叫作"业报轮回"。我说的这是最起码的知识，可能有好多人都知道这些东西。但是业报轮回是佛教最基础、最根本的观念，是区别于一神教最重要的地方。我们叫这种学说为"业力决定论"。所谓业力决定，用我们大家最熟悉的语言来讲，就是你自己决定你自己，你的面貌是由你自己决定的，与上帝没有关系，与佛也没有关系，是你自己塑造了你自己的形象，你自己的行为决定了你自己的命运，全是由你自己决定的。所以，你现在发大财是你自己的努力，与上帝没关系，与佛也没关系；如果你现在很贫困，按照它的说法，那也是你自己决定的，你也怨不得别人。它是这个观念。这都是由你的业力决定，自己决定自己，同时还决定你自己的环境，这个环境也是你决定的。你要制造一种什么环境，你处在什么环境，也由你自己决定。再大一些呢，自然界，我的业力有作用，你的业力也有作用，所以我们看到的世界是一个样子的，都是业力决定的。此处的"业"指思想行为；思想行为是一种能够导致相应后果的力量，即谓之"业力"。属于完全个体的"业"，称作"自业"；而大众相近的"业"称作"共业"。自然界，相似的环境，就是"共业"的虚物。世界人生是自业与共业相互作用的结果。

因此，业力决定论同上帝决定论是完全对立的两种宗教体系。世界各种宗教中差别最大的就是佛教同一神教的差别，差得最大。从它教义上来讲，它不相信有任何一个神来支配着我们，它说神，我只能说你修炼得好你成为神了，将来我要努力，我也可以成神。上帝只有一个，与人是对立的，是主奴关系；佛是无限的多，有多少人就可能有多少佛。释迦牟尼可以成佛，将来我也可以成佛，所以叫人人都可以成佛，它是这样一种宗教体系。所以说，这是佛教在宗教上跟其他宗教最大的区别，我概括出两个概念，就是"业报轮回"和"业力决定论"，就是这两个中心概念。它在哲学上称作"缘起说"，认为世界人生是多种因缘条件（思想行为）造就的；它称"一神论"为"一因论"，即上帝为第一因，是一切事物的根本。

总体来讲，西方认为佛教不承认有一个决定世界命运的神，而且在佛教，不论是小乘也好，大乘也好，都是对神进行批判的，并且批判得非常厉害。佛教历来论证，神是没有能力的，并没有决定人的能力，他并不自由，他也是受轮回决定的。这种言论在概小乘、大乘的各种论著里面都有。所以得出这样的结论以后，西方就认为佛教是无神论的。

从在我们现在来看，佛教不是无神论的，也是有神论的。有神论在哪儿？这不只表现在偶像崇拜上，而且反映在它的基础教义上。无论是轮回也好，业报也好，必须要有一个主体，谁来轮回？这在佛教里面有一个名字叫作"识神"，是这个东西在承载着你的轮回；在教义上也叫作"五蕴"，这个名字太专门。它的意思就是人本身也是不自由的，我刚才讲的说是你要自作自受，你自己在做，但是同时它说你也是不自由的，为什么呢？你轮回下来的时候，来到这个世界的时候，不是我决定的，不是现在的我的意志来决定的，而是我上辈子里面决定下来的，所以我现在穷不是由我来负责，是我上辈子来负这个责任。你现在家里面很有钱，也不是你得到的，是你上辈子好，投生到一个很好的家里面去了。所以，我到这个地方，现成的环境，现成的我，都不是现在的我来决定的，都是过去的那种业力、那种因果强加给我的。那么这个东西为什么会强加于我，为什么我会变成不自由，就是因为人的组成，人是由好多好多成分组成的，有头、脑、四肢、腿脚、思想，以后系统化了，就分为五种，叫五蕴。大概知道一点佛教知识的人都知道这五蕴是什么。我就不再来解释五蕴了，但是，我告诉大家，这个概念非常重要。

它的意思是说，人是由精神跟物质这两大部分来组成的。细分呢，精神又可以分很多种，例如感受、思维、意欲、识别等等。人是一种复合体，组成这个复合体以后就有一个问题，说是你的胳膊叫杜继文呢，还是你的头叫杜继文呢，还是哪一个部分叫杜继文呢？它就来研究这个问题。研究来研究去得出一个结论来，就是手也不是杜继文，但是手也不是不是杜继文。当然你不能说这个手就是杜继文这个人，可是话讲回来，离开这个手，杜继文好像也很难存在。因此，它得出一个结论，杜继文只是个名字，是假说的，是不实在的东西。佛教不是讲空嘛，这人作为实体是空的，人的这个名字也是空的，人实际上就是胳膊、腿等凑成的那么个东西。所以它为了要避免把人实体化，它就用了五蕴来代替人。一讲五蕴那就是指人来讲的，可是它就不愿意用人这个名字。人是一个名词，是给你强加上的一个东西，杜继文是一个名字，这个杜继文是一个符号，你真正的人是你所有的组成部分组成的，你组成的部分天天在变，日日在变，就不知道哪一瞬间能够代表你那一个人。所以，有一个说法，说是佛教含有思辨的辩证法，就是指的这个意思。在轮回的时候不是一个人，也不是一个灵魂在轮回，而是五蕴，就是这些东西构成轮回的基本要素。到了特定的时候，这个五蕴一下凑成一个人出来了，那么父母只起了一个条件的作用。你生下来，决定你生的不是你的父母，只是你父母提供你生的一个条件。这些大体上是属于它的宗教观念，跟西方的宗教观念完全不一样。

在西方宗教里面，大家看过《圣经》吧，《圣经》里面就讲，人一生下来就是不变的，就是这个样子的，上帝照着他的样子造出人来。所以，现在有些黑人不大愿意信上帝，他说你造的人造的是白人的样子，我们黑人是另外一种样子。西方宗教认为人是不变的，但是佛教是讲千变万化的。这从宗教上来讲,就是一神论跟佛教的区别,从这个区别里边,大家就可以知道佛教的特点是在什么地方。

佛教跟一神教还有一个比较大的区别,是它的组织形式和组织能力,一神教的组织形式具有中央集权的性能,就是有一个中央机构,中央下面领有好多分支团体,可能分布在各个地方,当然最后它要统一于这个中央机构。最典型的就是天主教梵蒂冈,中国的天主教就崇拜梵蒂冈、崇拜教皇,教皇就是他们的皇帝,下设各类主教以及神父、执事等官衔,分掌不同级别的神权,号令和管理他们的部众,这种制度叫作教阶制。就是说,宗教里面有等级,一等一等的,这个地方是主教区,主教区又分好多分支机构。基督教严格地讲,应该叫新教,它是从统一的天主教的系统里面分化出来的"造反派"。这是个很有名的运动叫"宗教改革","宗教改革"运动以后出来了一些教派就是新教。新教最大的一个特点就是造反了,不服从教皇,另外搞成一个教派。"新教"之内又不断分裂,有大有小,最后形成一种运动,迄今仍然生灭不息,其数量难以统计。它虽然不服从教皇的统一支配,但是它们每个大的教派,也都是实行教阶制,一层层组织下来。只不过名称有所不同,有许多新兴的小教派,则实行家长式管理,总之,也是很严密的,你要进这个教必须遵循一定的教诫法规,以及礼仪制度,并要作奉献上交一定的钱,把你收入的十分之一上交给它,从而不断地充实着它的经济实力。我说到这个,大家知道了,佛教是各种宗教里面组织上最松散的。组织松散到什么程度呢? 一个寺院就是一个单位,可以谁的话都不听。它们也有一些教派,但主要是宗法的、思想的联系。它所发展的东西都必须有个寺院作为它的根据地,它的活动中心就在寺院里面,而且只限于寺院里面。不像基督教,可以到你家里面去。所以,从社会影响力、组织的严密程度来讲,佛教是绝对不能跟基督教对抗的。

佛教就是因为组织的松散,使它的变化非常大,但是它有一个非常吸引人的教义,就是业力决定论。就是人要自己来决定自己的命运,这一条使得它的思想影响非常大,影响面非常普遍。由于它组织上的松散无力,很容易叫一神教给消灭掉。大家知道原来佛教的发展,是从尼泊尔逐步逐步发展到整个的印度,一直推广到斯里兰卡,往北走,一直走到现在的俄罗斯境内,往西走一直到地中海的东岸,以后大概可能在公元前后这个时候,一直到公元 4 世纪、5 世纪,甚至 6 世纪,扩展到中亚这块地方,中亚的大部分地区当时差不多都汇聚着佛教的力量。现在佛教的力量在它的印度本土基本上没了,中亚这块也全部完了。大家知道现在的阿富汗、巴基斯坦,原来佛教力量都是非常强大的,而且是出思想的地方,现在都不是了,现在是伊斯兰的世界。就是说佛教没有力量来保卫它自己。但是它的教义并没有消失,我们现在知道佛教在西方有影响,它的影响不是看有多少人信,有多少人跪这个佛,也不是去看建了多少寺,而是它的思想的影响很大,佛教对西方思想的影响要远远大于它的偶像崇拜。近现代许多思想家,很多在哲学上、思想上、人生观上有建树的人,他们的精神跟佛教哲学是相通的。

说到这,我就讲讲哲学上的佛教是个什么样子,再讲它在中国是什么样子。我们不讲古印度的佛教哲学,我们只讲古印度传到中国来的佛教经典里面所体现出来的哲学思想。大体能归结为四个哲学体系,这四个哲学体系基本上是不一样的。

一个哲学体系,全名叫"说一切有部"。大家可能知道佛教是讲空的,佛教说四大皆空,五蕴皆空,色即是空,空即是色,但是可能不知道它最大的一个教派是说"有"的,不是说

"空"的。这个"有"的概念是个什么概念？其实我们都有，就是我姓杜，杜这个姓就不是光我一个人占有，我一生下来，我就得姓杜，杜这个姓就是一个"有"，我是这个"有"里面的一个个体，我这个个体是变化的，有生有死，但是我这个姓是不变的，这个不变的就是"有"。"有"的含义就是单一性和共性，不变，永远不变，那变的是谁呢？变的是我这个杜继文。所以，就我来讲，是一个暂时的个体，我是属于空，是变的；作为我这个姓来讲是永恒的。再扩大来讲，"有"又可作三个字解：种、族、界。任何一个事物都有种，稻子、麦子，这个"种"就是一个有，就是不变的；"族"那就是我这个家族是不变的；"界"，咱们讲生物界、有机界、无机界，金矿、银矿，它叫作金界、银界，这个是不变的。金银做的器具是变的，你可以做耳环，也可以做手镯，这个是变的，但是金银的属性，这个界是不变的，总起来就是类。把类抽象出来实体化，被当作事物的直接原因，即名之为"有"，这个概念在西方的哲学里面，叫作理念论，我们一般也称作客观唯心论，它的最大代表是古希腊的柏拉图。柏拉图的理念，现在有人把它翻译成为"相"，"相"也就是"有"，佛教也称法相。这是一大派，这一派，早可以推到柏拉图，以后是新柏拉图主义，这个思想就一直影响到基督教的神学，在中世纪称实在论。神学从新柏拉图主义发展过来，是很大的一支。一直到近代的黑格尔的理念，概念的运动，他把这个种、族、界表达出来的话，我们就说是一个概念，概念就是实在的。

第二派，我们叫做"般若中观"。般若大家都知道，现在有些人不念般（ban）若，念般（bo）若，都行。《金刚经》大家念过吧，《金刚般若经》就是它的一种，《心经》大家知道吧，叫《般若波罗蜜多心经》，都是讲这个般若。这一类经典就很多了，魏晋南北朝时候的玄学里面讲小品、大品也是般若经，小型的般若经叫做小品，篇幅大的那个经叫做大品，到唐玄奘编译成六百卷，谈的都是这个问题。在这些经典流传的过程，形成了一个很大的派别，叫中观学派，将般若思想理论化、系统化，也简约化了。这个派别的论著，在中国受到弘扬和发展，就叫"三论宗"。这里附带讲一下，玄奘几乎把所有的"说一切有部"的著作和般若经翻译过来了。般若是谁呢？般若在中国形成般若学，而后又形成三论宗。

般若是什么意思？般若就是正好跟"说一切有部"针锋相对的一种思潮。它是一个外来词，意译"智慧"，但又与佛教所谓的智慧不同，所以只能用音译表达。我们从西方哲学史来考察，这种思潮属于怀疑论派别。《心经》《金刚经》提出了一个问题，人的认识能力有多大。这也是中观派提出的一个问题，它正在解决这个问题。你"说一切有部"，说你都认识对了，就是这个样子，姓杜这个杜不变，金矿的金不变，它就问世界你怎么能够认识到它不变，它就要你谈谈认识，它根据这个认识进行分析。分析主要从概念开始，连带对判断和经验进行考察。考察分析到最后，你认为那个金是不变的、那个杜是不变的，都有矛盾，有矛盾而说其为有就不能成立。于是它得出一个结论，人的认识本性是不能接触到真实世界的，你的认识只限定在你自己的概念领域，或者你的感觉领域。人的认识来源只有两个，一个是感觉，一个是概念。它认为你的感觉跟事实不一定是相吻合的。概念是把握事物本质的，它说这个概念你也把握不了世界的本质，结果我们的认识能力都不行，我们的认识只是认识我们自己的感觉，我们自己的概念，至于世界的本来面目是什么，人的认识是达不到的，这叫怀疑论。这个怀疑论从古希腊就有，这个思潮的发源跟般若经、跟希腊的怀疑论思潮几乎是同时产生的。以后到了近代，大家都知道休谟是这样一个人，康德基本上也属于这一类。

　　还有一个，我们就叫做唯识学派。唯识学派大家都知道唐僧，唐僧传的佛教就属于唯识学派，被称为法相宗，或唯识宗等。在古印度佛教那里不叫唯识，它叫瑜伽行，这也是一般很大的思潮，一般称作"瑜伽行学派"。中国早在南北朝就有了这股思潮的译籍，发展也很早，那一套就更复杂了，它把人创造人、人创造世界哲学化了，有很多概念，比如阿赖耶识、阿陀那识、末那识等等。它着重考察和分析人的精神世界和认识系统、心理系统，而且将客观世界也纳入"识"的领域，以此说明认识主体的决定性功能。这个学派在西方影响也非常大，在康德那里，在精神分析学派的心理学，贝克莱、弗洛伊德的精神分析学派那里都有它的影子，有一个无意识的概念，或者叫潜意识，说你自己有这个东西，但你自己没感觉到，这个来源从佛教来讲，就是从阿赖耶识来的。谁也不知道我脑子里面有阿赖耶识，但是它支配着我的生活。康德对它进行了什么发展呢？有人说康德信佛教，说康德是发展人的主体能动性、主观能动性。康德有一句很有名的话，是人给世界立法。那些规律是人给的，是人定了经验，但是人们说的经验，世界并没有这个规律，这个规律谁给搞的？特别是因果律、时间空间。它们客观并不存在，谁给的？是人的感性、知性给的。这个思想也是唯识家的思想。

　　还有一个哲学派别，与《华严经》有关。大家知道，中国有个华严宗，就是与信奉和阐释《华严经》有关。《华严经》有一个最大的特点，它崇拜的一个佛，不是释迦牟尼佛，也不是弥勒佛，也不是阿弥陀佛，而是咱们洛阳龙门石窟里面最大的佛，毗卢佛。有人说那个佛像是照着咱们的女皇帝做的。这个佛翻译成汉语就是太阳佛，叫大日佛，就是太阳神。它的思想是讲什么呢？讲这个神的光，它发光了，因为太阳发光,发光照到所有的地方,使所有地方都有了佛性,都可以说法讲佛,都变成了一个有益于他人他物的东西。从宗教来讲,我们说它是唯灵论的一种,跟西方的唯灵论思想就协调起来了,但又有所不同。它提供很多的理论,比如一即是一切,一切就是一;理就是事,事就是理;事物之间的关系,名相之间的关系是相互作用、相互依存、相互渗透的,这个总结具有非常高的哲学价值。在某种程度上来讲,影响宋明理学的最大派别就是这个派别。

下面我再讲点中国的哲学,中国的佛教跟外面传过来的佛教有什么差别? 一个最大的差别,就是这个宗教进来以后,是依附于中国的主体文化的。第二点,就是它补充或者丰富了我们的主体文化。我们的主体文化大家都说是儒教、儒家思想,其实儒家思想真正成立起来大概是西汉上半期快完的时候。原来儒家是一个受压迫、受迫害的学派,不受重视,孔夫子也很不得意,到了秦朝时就成了镇压的对象。汉初也是把儒学推到一边,遭到排斥,一直到汉武帝以后,才把它树立为正统,但是树立为正统以后,到了东汉末年它又不行了。之后就出现了三教并立的情况,儒、释、道三家都在活动,以佛教的力量最大。从魏晋以后,一直到唐五代的时候发生了一些变化,但是在整个阶段里面,儒家的思想,从哲学角度说,始终不占统治地位。它是在政治上占统治地位,在哲学思想上始终不占主流,而是佛教占主流。真正把儒家定为国家意识形态的,是在宋朝以后,到明清越来越厉害了,统治阶级所用的法术、统治术、教化,以及所有的学说都是儒家的。看着是佛教思想活跃,但是真正起决定作用的还是儒家思想。儒家思想是适应当时的一种自然经济、自给的经济,它是适应宗法社会的,不管是谁,只要到了中国以后,就必须适应中国的宗法社会,而最接近宗法社会思想的是儒家思想。第一次进入到中国的外来文化就是佛教，佛教进来后首先要依靠到儒家的宗法社会里，它有许多观念是改变了的。比如，孝心，对父母要孝顺。佛教里面的小乘佛教有个很重要的思想，你想要解脱，你想要不再遭受苦难，你必须要离家，不能结婚，你要把你的父母抛弃，把你的儿子、媳妇全部都不要了，你自己出去修炼，在中国这个思想是受到批判的。所以，在中国，佛教第一个要完成的任务，就是必须解决你跟家庭的关系问题，你的存在与家庭的关系密切不可分，它最后就必须为家庭着想。所以，佛教向家庭的转化是非常重要的一个关键。

有部经典叫做《维摩诘经》，著名诗人王维即字摩诘。这本经在南北朝的时候影响非常之大，它塑造了维摩诘居士的形象。维摩诘居士是家里很有钱的一个居士，他不是和尚，不是剃头的，他什么都有，在家里面跟平常人没有区别。但是他一说起法来就了不得了，所有的罗汉、佛的十大弟子都被他批判了，大菩萨，释家的好多大菩萨他也给批判了，最后的意思就是，在家里的菩萨最厉害。这是最能表现中国佛教特色的一本经。还有一本经叫《胜鬘经》，也是对中国非常有影响的一部经。这个讲的是一位女同胞，是位夫人，是一个梳着很漂亮的髻儿的一个女的，叫胜鬘夫人。她是一个结了婚的太太，就代表了女菩萨在家里面做夫人，她讲的法，对中国的影响也非常非常大。你看，一个男居士，一个女居士，一个结婚的，一位是嫁出去的，都能说法，而且都比和尚、尼姑高明，这就是中国佛教的特色。当然，这个例子是一个比较极端的例子，我的意思就是说，外来的佛教进入中国以后也必须向儒家来靠拢。

但是，佛教思想又给儒家思想一个很大的改造和丰富。儒家思想里面，孔夫子不谈死，不谈生，也很少谈天命。过去那些事，宗教的事都不谈，只要顾现在，大家生活过的好就行了。但是，儒家思想在理论思维上显得比较贫乏，主要讲的是伦理之学、家庭伦理、政治伦理，这都是技术性的东西，后面的理论体系儒家思想里是没有的。佛教就给你送了几个理论，有多种理论体系让你选择，你愿意要哪个就要哪个。所以，在哲学上佛教对儒家的改造很大，这是第一。

第二个，有些观念，儒家的伦理，把人捆得很紧，是不能动的，但是佛教给人一个空间，让你有思维的空间，也给你一件事做。"学而优则仕"，这是士人的唯一出路，但你做官做不下去了，怎么办呢？这里面顺便说一个《红楼梦》的事，第一部《红楼梦》电视剧是给贾宝玉一个下场，让他当乞丐，原著里说他当和尚去了。哪一个更符合当时的典型环境中的典型人物？中国的诗人、士大夫，中国的官僚等文化人物，败落下来以后，我可以讲没有当乞丐的，最根本的、最主要的一条出路，或者是大量的出路是到寺院里面去。有那么高层次的文化人，像玄奘这种理论家，在中国来讲，至少能数出十个来。我们现在人都没有达到这个水平的，为什么？就是有些投身到寺院里面去的人，知识层次非常高。比如你家里面被抄了，有一条路，你只要当了和尚就不追究了，进了寺院就不追究了。有很多被国家追捕、流亡的人，大都投身到寺院里了。咱们女皇帝不就原来当尼姑出来的吗，为什么呢？宫里面不能用你了，你必须当尼姑，你到别的地方去不行。所以，到寺院去的人文化层次非常之高，他们时间又多，可以钻研，心里面不再去想世事。所以，中国就培养了这么个阶层，由僧侣阶层影响到士大夫阶层，使你的思维有很大的一个空间，除了儒家的伦理以外，还可以思考些别的问题，比如人生问题、宇宙问题、哲学问题等等。

在这里面,我们中国创造了几个很重要的理论体系。一个就是"天台宗",它的理论体系中有一个很有名的命题叫"一念三千",这个命题可以把天台宗所有的理论都串起来。但是它所表达的丰富的思想在西方传到中国的佛教里面是没有的,是它独创的。中国的第一个宗派就是天台宗,延续的时间最久。

另一个是华严宗。华严宗也很厉害,它有一个基本的理论,叫"法界缘起"。"法界缘起"主要讲理跟事的关系,就是客观规律同具体事物之间的关系以及事物跟事物的关系,讲得非常精到。它是把《华严经》的思想作为一个哲学体系概括起来的,而不是作为一个经典的神话内容概括起来。讲历史影响,它是直接引导了宋明理学的。

唯识宗,就是法相宗,就是玄奘的理论体系。它的一个基本命题叫作"唯识无境"。许多研究人员、中国佛教史的研究者认为,这个教派是个教条主义者,纯粹把印度的东西拿到中国来了,所以一直到今天,它在中国都没有得到传播。那么我可以讲这个判断是缺乏根据的,是自己的臆断。实际上这个思想影响非常之大。它的影响有多大?一直影响到近现代的思想家,比如讲章太炎,一直影响到他们。中国的禅宗里面大量是属于这个系统的思想,就是"唯识无境"的思想。所以认为它没有影响是错误的,但是它没有形成一个组织,没有形成一个一代一代传下去的宗派。

最后那就是禅宗了。禅宗讲什么呢?禅宗我原来给它起了个名字叫"三反学派",反偶像,反教条,反权威。所有世界上的一切,特别是佛教经典的一切命题,它都要在它的观点里面加以考察、评判。它反对偶像的激烈到什么程度呢?可以把佛像烧掉用来取暖。禅宗的居所,包括寺院、石窟、茅棚等是绝对不建立偶像的,它只有法堂,没有偶像,它不相信这个东西。电影里有句话就是"酒肉穿肠过,佛祖在心中",这句话挺风趣,虽然它是调侃禅宗的,但是事实上也是这样的。大家知道,佛教有三宝,佛、法、僧。禅宗说我也有三宝,麦、黍、粟,也就是小麦、黍子、小米。它把"禅"贯彻在劳动中,叫"作",劳作或作务。这个从正面来讲,那就是说我做佛,我造孽,我塑造我,我来承担,一切以我为主,所有事情是由我来负责。到了中国近现代,根据它的基本概念给它做一个总结,而且跟西方的宗教做了个区别,就是这个判断:"依自不依他。"依靠的是我自己,不依靠任何其他人的力量。所以它反对崇拜偶像,也反对净土,反对西方阿弥陀佛。它批评的问题很多了,他说东方人要到西方去求阿弥陀佛,到西方求净土,那西方人向哪儿去求啊?它认为净土不净土在于你的心净不净,它属于这种思想派别。在世界上找遍了宗教派别,也没有禅宗这种类型,中国是唯一的。当然,后来的禅宗变了,因为它又造像,又磕头,好像劳动也不是很多了,也是个变化。我写过一篇文章,我到江西一个禅寺里面去调查,我这篇文章的名字叫《洪州系的农禅学和农业乌托邦》,讲过中国历史上没有实现的,只有在禅宗里面实现了的农业乌托邦,就是农业社会主义。这是非常贫困、非常贫困的一种公有制,没有私有,财产是大家的,土地是大家的。同吃、同住、同劳动。你们有些人可能不了解这几个概念。不管你是多大的方丈、多大的法师都要劳动,而且要带头劳动,此称之为"普请"。禅众间的关系是绝对平等的,吃的饭都是大锅饭,那真是大锅饭,拿粥,每个人舀多少都是一样的。睡觉在同一个床上,睡觉的姿势都要一样,这就是一种同吃、同住、同劳动、没有私有财产、分配非常公平的制度。只有一条,苦得不得了,可是他们又自由得不得了。中国自由这概念是谁提出来的?是禅宗提出来的。平等的这个概念喊得最厉害的是谁？是禅宗喊的。自由、平等是禅宗的口号。所以，到了禅宗，我们说中国的佛教发展到了一个全新的境界，是最具有特色的一个宗派、独一无二的派别。

汝　信

关于尼采美学的几个问题

　　汝信,教授,汉族,1931 年生,江苏吴江人。1949 年毕业于上海圣约翰大学,1956 年攻读著名学者贺麟先生的黑格尔哲学专业研究生,毕业后留哲学所从事研究工作,1978 年晋升为研究员,任哲学所副所长。1981—1982 年,为美国哈佛大学访问学者,1982—1998 年先后任中国社会科学院副院长,并曾兼任哲学所所长,国务院学位委员会副主任。现任中国社会科学院学部委员。在国内外学术机构中曾担任的主要职务有:中华全国美学学会会长、中国政治学会会长以及国际哲学与人文科学理事会副主席、东德科学院外籍院士、韩国启明大学名誉哲学博士等。主要从事西方哲学史特别是德国古典哲学、美学的研究。主要著作有《黑格尔范畴论批判》(与姜丕之合著)、《西方美学史论丛》、《西方美学史论丛续编》、《西方的哲学和美学》、《美的找寻》。此外还有译著多种,并主编《西方著名哲学家评传》(10 卷)、《世界文明大系》(12 卷)和《当代韩国》(季刊)等。

大家早晨好！今天是"五一"长假，诸位还在假期能够来参加这个讲座，使我非常之感动，也感谢大家的热情。我今天讲的题目是"关于尼采美学的几个问题"，我想分这么几个问题来讲，第一个问题是讲尼采在西方近代思想史上是一个很有争议的人物，不同的人根据不同的观点对尼采的思想作出各种不同的解释。对尼采有各种不同的解读法，他也经常遭到人们的误解，甚至于严重地曲解，这到底是什么原因造成的？我认为我们今天读尼采重要的是要了解他所提出的观点和问题，从中得到启发。我们今天不是要为他辩解，也不应该成为尼采的信徒，这是我想讲的第一个问题。

　　尼采的思想为什么容易引起争议呢？我想有这么几个原因。第一个原因是尼采本人的思想很复杂，具有自我矛盾性。他自己就说：我是一个多面孔的人，除了第一副面孔，还有第二副面孔，而且也许还有第三副面孔。他本人就说他是双重人格的人，有多种面孔。他后来甚至说他各种各样的观点的变化，仅仅是各种不同的面具，都是尼采，但是他戴上不同的面具。所以，这个就对我们理解尼采造成了一定的困难。

　　有一位专门研究尼采的西方学者甚至认为自我矛盾是尼采思想的一个基本的特征，尼采的一些重要的论断，如果我们要找他的全部著作的话，几乎都能够找到一些相反的论断。从表面看，尼采对一切问题都有不同的看法，所以如果

93

说要去找材料的话，人们可以随意地从尼采那里找到自己想要的引文。如果你有意要找某一个论点，都可以在尼采那里找到一定的根据。他认为这种自相矛盾的地方正是尼采思想的一个基本特征。我想这是我们今天理解尼采、读尼采所碰到的第一个困难。

第二个困难，就是因为尼采的思想不像其他的哲学家，特别是像那些有体系的那些哲学家那样，有系统、严密的逻辑。比如我们读德国古典哲学，都知道要读康德的"三个批判"，读黑格尔整个一套完整的体系，它们都有前后很严密的逻辑。但是尼采的思想没有系统，没有严密的逻辑。他是属于诗人气质的、艺术家气质的一个思想家。他的语言非常生动，文字非常好，他的德语可以说是对德国语言、文学相当突出的一个贡献。我们国内专门研究德国文学的专家冯至教授，曾经专门写文章讲尼采的语言，特别是诗的语言，非常有特点。尼采自己也很骄傲，认为他对德国语言作出了很大的贡献，他甚至讲，从对德国现代语言的贡献来说，一个是马丁·路德，因为他是把《圣经》翻译成现代德语；一个是歌德，大家都知道歌德在德国文学语言方面是做出非常巨大的贡献的；另外一个就是他自己，都对德国的语言作出了很大的贡献。

他的语言不难读，不像康德、黑格尔的语言读起来非常晦涩难懂，他用了很多诗的语言、比喻，我们看他的著作，特别是他的名著《查拉图斯特拉如是说》这本书，里面可以做各种不同的解释、不同的理解，因为它们本身就是一种诗的语言，是一种比喻、隐喻，你可以有充分发挥解释的余地。所以这个我想是第二个原因，使我们对尼采的思想理解有一定的困难。

第三个原因，是有些人利用尼采，有意歪曲尼采，比如像德国法西斯头子希特勒。我们知道希特勒是尼采的崇拜者，一直宣扬尼采思想，但是，希特勒是不是真正地读懂了尼采？我在一篇文章中讲，如果从希特勒《我的奋斗》这本书来看，可以证明他根本没有读懂尼采，他完全是有意来歪曲尼采。我个人还有一个亲身的体验。在 1987 年，现在讲起来是 20 年前了，那时候东德跟西德还没有统一，在柏林还有一个柏林墙。我到西德去访问，从西德过柏林墙到东德，从东柏林到魏玛。魏玛我们知道是歌德、席勒活动的地方，尼采病了之后是在魏玛去世的，所以那里有尼采的档案馆，有尼采的故居。1987 年的时候，我去访问了他的故居，尼采住的那个房间里头空空的，没有他当时的遗物，唯一剩下的就是他的一个半身的塑像，这个塑像是很有名气的。为什么？因为当时希特勒去访问尼采故居的时候，专门就在这个塑像前面照了相，在上个世纪 30 年代，是广为流传的。有人就是根据这张照片，认为尼采是法西斯哲学的一个先驱。当然应该说，尼采的社会政治观点确实有一些是很成问题的、很错误的，可以被法西斯利用。像反对社会主义的一些言论，蔑视群众、主张战争的那些言论，我们在他的著作中间都可以找得到，这些确实可以被法西斯利用。但是另外一方面，如果全面看尼采的话，他和德国法西斯的思想是完全格格不入的。举几个最主要的地方，一个是尼采对德国的评价，因为希特勒首先宣传德意志种族的优秀，说优秀的种族要统治全世界，德意志至上，德国至上，国家至上，领袖至上。而这些恰恰是尼采最反对的，他对德国评价是非常之低的，对当时的德国从文化一直到德意志民族是加以深刻地揭露、批判的，对国家是极力反对的，对领袖崇拜完全是最反对的，他反对个人迷信、反对个人崇拜，所以跟希特勒宣传的那套法西斯思想完全是格格不入的。但是就是因为当时希特勒要利用尼采，把尼采的著作送给另外一个法西斯头目墨索里尼，这样造成了一种舆论，认为尼采就是法西斯哲学的倡导者，这是被歪曲利用的一个非常明显的例子。

当时因为第二次世界大战，不仅是在社会主义国家对尼采的评价很低、贬得很低，而且西方国家也有很多学者对尼采进行批判，认为他跟法西斯有密切的联系。所以在1987年我到尼采故居去的时候，当时歌德、席勒这些人的故居受到非常高的、隆重的待遇，尼采故居就没有人理睬。尼采的故居有一个好处，当时东德的科学院就把他住过的房子作为访问学者的招待所，所以我们国内去的访问学者也有一些就在尼采的房子里住，即尼采去世的那个房间里住过。因为希特勒时期尼采的很多手稿、档案还是保留在那里，尽管当时尼采受到批判，但是这些档案还是保存得很好，所以在1987年的时候我有机会看了尼采的档案，包括尼采看过的书，以及各种手稿。

我认为我们今天读尼采，不需要为他辩护，当然有一些过去的误解、曲解应该澄清，但是尼采不需要辩护，也不需要为他的一些错误言论进行掩饰、美化。因为学者过去批判得很厉害，所以现在有一种相反的现象，就是说对尼采明显的一些错误的东西，有的是故意不讲，有的是加以掩饰，我以为也是没有必要的。在思想史上他是一个强者，不是一个弱者，所以他不需要辩解，根本也谈不上为他翻案的问题，但是今天我认为，最需要的就是真正理解，要从尼采的著作中间，启发我们思考一些问题，因为尼采就是一个提问题的思想家，他通过提问题来推动思想的发展，而并不是提供一个现成的答案。对有一些问题，我们还是要结合尼采的生平、个人的生活来理解他。我举一个例子，大家都知道，尼采有一条最成问题的就是对女性的蔑视，不尊重。他有一句名言，大家都到处引用，他在《查拉图斯特拉如是说》里讲的："你要到女人那里去吗？可不要忘记手里拿着鞭子。"这句话最典型，也引起了妇女同志最大的愤慨，认为他对女性不尊重，这是蔑视女性最典型的一句话。

这句话明显是错误的，是对女性非常不尊重的，但是我们要结合他的生活来了解他在什么情况下讲了这句话。这句话是在 1883 年讲的，他在 1882 年的时候，讲这句话的前一年，正好是 38 岁。他是二十几岁当教授，38 岁的时候还是独身。他是没有结婚的，到死都没有结婚。但他并不是一个独身主义者，曾经谈过恋爱，而在 1882 年的时候，特别追求一位女士，那位女士叫莎乐美，是当时一位俄罗斯将军的女儿，比他要年轻得多。尼采追求那位女士，两次跟这位女士求婚，都遭到了拒绝，但是他还是一往情深。她当时有一位男朋友叫保尔·瑞，他们三个人都是好朋友，尼采跟保尔·瑞两个人同时追求莎乐美。他们三个人一起出去玩，尼采专门找了一位著名的瑞士摄影师，叫鲍耐特，到鲍耐特的摄影棚里面一起去照相。怎么照相呢？尼采出了一个主意，看到这个照相棚里面有一个道具，有一辆小的简易马车，尼采就提出来请那位女士坐在马车上，由他跟另外那位男士两个人充当牲口，一人拴了一根绳子拉着这个马车。这个摄影师就认为这不合适，但是尼采坚持一定要这样拍照。拍照还不够，他出了一个主意，说这位女士手里还要拿一个马鞭，所以临时尼采就做了一个马鞭，交给那个女士手里拿着。然后他们两个人就充当了拉马车的牲口，那位女士就坐在车上，手里拿着马鞭，就留下了这么一张照片。到后来他求婚失败了以后，第二年就写下了这句话："你要到女人那里去吗？不要忘记手里拿着鞭子。"如果看着这张照片，正好和事情是相反的，拿了鞭子的是那位女士，在谈恋爱失败中间挨鞭子的是尼采

97

本人,不是别人。所以我感到,我们如果考虑到他的生活背景,考虑到当时的情景的话,是可以理解为什么尼采写出这样一句话来。并不是说这句话对,这句话绝对错误,对女性不尊重,但是我们要了解这个事情的背景。

我们知道尼采本人在书里讲了很多很残忍的话,用了很残忍的语言,但他自己是一个什么人呢? 他最后,在1889年发疯了,怎么发疯的呢? 他是在意大利的一个城市街道上看到一个马车夫拿鞭子抽打马,他当时受了很大刺激,一下子冲动地跑上去抱着这个马头痛哭,这样一下子就精神失常,发神经病了,一直到死都没有好。所以如果我们看到这些材料的话,就可以知道尼采的文章跟他这个人有时候不是一回事,尼采这个人如果我们不了解的话,对他的文章也不可能有真正的、全面的、深刻的了解。这是我随便举的一个例子。

尼采有一点跟其他的西方思想家都是不一样的,就是他不希望有信徒,自己并不认为是权威,而相反他总是强调不要跟随我,而是要你们每一个人建立自己,要成为你们自己。所以他这一点跟所有的思想家都不一样,一般的西方思想家都是以真理的宣传者自居,认为自己是真理的代表者,所以希望人家相信他们的学说,追随他们的学说。而尼采恰恰相反,他主张每一个人应该忠实于自己,应该建立起自己,成为自己,而不是成为另一个人的信徒。我们看到他有一些话,感到他的思想的思路跟其他人很不一样,他怎么说呢? 他说:"你们不要把我当作你们的榜样,如果你把我当做你们的榜样,相信我的话,那怎么样呢? 那我就要为你们的一切行为负责任,因为你们跟随我是拿我做榜样,因此我只有反过来要为你们负责了,这样一来我变成你们的奴隶了。"所以,他竭力主张每一个人应该要找到自己,要为自己赢得自己的权利,而不要受别人的支配。我刚才讲到他最反对个人崇拜、领袖崇拜，也是出于这一点，每一个人都应该成为自己，而不应该成为别人的一个追随者。他也最反对用自己的思想来强加于人、支配人，他公开地这么讲，如果要支配人、把我这套强加给别人，这个是太恶心了。所以他主张每一个人应该走自己的路，而绝对不要相信他。他公开讲："我只不过是要把大家唤醒，对我的话要采取一种质疑的态度，采取一种不信任的态度，而不要追随我。"这一条可以说在西方的哲学家、思想家中间是绝无仅有的。他甚至这么讲，"每一个人应该创造属于他自己的太阳"，"不要去崇拜太阳，而是要每一个人创造出属于他自己的太阳"。我认为，这是尼采思想非常重要的一条，也可以说是跟其他的西方思想家很不一样的地方。所以这是我想讲的第一个问题。

第二个问题，我想讲一讲尼采的美学的出发点和前提。尼采的思想出发点我们用最简要的一句话来概括的话，就是"上帝死了"。上帝死了是一句名言，也是一个很有代表性的说法，意思就是说过去的一切最高的价值都发生动摇了，都丧失了价值，虚无主义使人陷入了普遍的一种没有信仰的状态，这就需要一切价值的重新估价，为这个重新估价扫平道路。尼采自己说，他的一本早期的著作，也可以说是一本比较完整的美学著作——《悲剧的诞生》，就是第一次对一切价值的重新估价。这本书的出发点在于上帝死了，一切价值需要重新估价。

关于虚无主义，尼采后来这么讲，他说："虚无主义正站在我们的门前。"他自己说他生不逢时，但是他讲的东西是下两个世纪的历史。他说他描述正在来临而且无法避免的一个事情，就是虚无主义的到来。虚无主义是什么呢？用他的话来说，就是过去的一切最高的价值都丧失了价值，就没有目标了。为什么对这样的问题找不到答案呢？所谓最高价值,历来采取各种形式,向来是过去的形而上学所设立的一个终极的目标,所有一切的东西,我们生活的目的、意义等等都是来源于这个最高的价值,最明显地表现在基督教的上帝。我们中国人当然没有这么强烈的宗教观念,但是西方多少年来长期的最高价值就是基督教的上帝,现在这个最高的价值本身失去了,成了问题。就是说最高价值本身丧失了价值,这个丧失价值的过程也就是全部的形而上学——过去的哲学、美学的最后根据,都开始解体了。

最高价值因为是一切信仰的最深层的一个根,它如果失去价值的话,首先就产生了一个信仰的危机,没有信仰,人类的精神就没有依靠,就会迷茫,或者是陷入平凡、庸俗。尼采说,信仰的沦丧与失去信仰现在已经是路人皆知,接下来的就是过去敬畏、权威、信任的瓦解。过去是西方人敬畏上帝,上帝教导你该做什么,不该做什么,所以首先是敬畏上帝、权威,上帝是判断一切善恶是非的标准,人与人之间的信任或者对其他东西的信任也好,最后的根基都在最高的价值上帝。现在最高价值成了问题、失掉了价值,所以就造成了整个信仰的崩溃。

以前哲学上的形而上学,只不过是把最高价值赋予人类的现实生活彼岸的某种超凡性的实体。从希腊哲学开始,西方哲学向来是如此,所谓形而上学,就是把整个的最高的价值赋予一个超感性的东西,也可以叫上帝,也可以叫柏拉图的理念世界等等。但是现在一切成了问题,虚无主义来了,就是说最高的价值本身崩溃,所以就没有一切的根据。所以"上帝死了"这句话是一个非常典型的表示整个信仰动摇、整个价值体系崩溃的标志性的一句话。

"上帝死了"这句话其实并不是尼采首先讲的,却是因为尼采讲了之后出名的,实际上我们如果从德国古典哲学里头找的话，《精神现象学》里面就有这句话，不过只是提到，没有发挥。这句话讲得比较透彻的是黑格尔死后青年黑格尔派的一个左派成员鲍威尔，他讲得很清楚，"上帝死了"。他从黑格尔左派的精神出发，要把黑格尔整个的体系解释成为一种无神论的体系。当时他写了一本书，叫《对无神论者和反基督的黑格尔的最后审判》，在这本书里就明确地说："对于哲学来说，上帝已经死了，只有作为自我意识的自我还存在，只有自我还活着、创造着、工作着，这就是一切。"就是说上帝已经死了，剩下的就是自我意识和自我，这句话是在1841年讲的，尼采讲"上帝死了"讲得多的是在《查拉图斯特拉如是说》中，它创作于1883年和1884年，所以在尼采讲这句话之
前40年，实际上已经有人讲了。而且这个讲法其实推敲起来，很接近尼采的思想，因为上帝没有了，剩下的只有自我意识，自我意识就是只有人存在，这个人在活着，人在进行创造，进行工作。但是鲍威尔这本书当时影响不大，也没有在思想界里引起很大的震动，可以说那时候也可能时机还没有成熟，接受这样的一种思想的社会环境、文化环境还不具备，所以尽管他在40年前就讲了这句话，但是并没有产生像尼采这样深远的影响，尼采讲了"上帝死了"就成为西方文化思想发展中的一个大事。

尼采讲的"上帝死了"，这个意思不仅仅是反对基督教，当然，他肯定是反对基督教的，但他真正的意思是反对过去的一切形而上学以及一切形而上学所设置下来的最高的价值。我们知道现在大家非常熟悉的海德格尔，是存在哲学一个著名的人物，也是研究尼采、写过关于尼采的专著的。他对尼采讲的"上帝死了"这句话作了这样的解释，他说："上帝死了，就是说基督教的上帝丧失了他对存在者和对人的规定性的权利，基督教的上帝既是超感性事物及其各种含义的主导观念,也是理想和规范、原则和规则、目的和价值的主导的观念,它们被凌驾于存在者之上,为存在者整体提供一个目标、一个秩序和一个意义,虚无主义是这样的一个历史运动,通过它,超感性事物的统治、崩溃和废除了,使得存在者本身也丧失了其价值和意义。"这一段话是海德格尔在《尼采》这本书里头讲的,讲尼采"上帝死了"这句话的意义。就是说过去基督教的上帝对世界存在的一切的东西,特别是人,具有规定一切的权力,他本身是一切超感性的事物各种含义的一种主导的观念。理想、规范、原则、规则、目的、价值等等归根到底都是来自于上帝,来自于最高的价值,它一直是凌驾于存在者之上的,就是为存在者、为人、为世界提供一个目标、一个秩序和一个意义,人的目标、整个世界的意义、整个世界的秩序都是来自于上帝的。虚无主义成为这么一种历史运动,使整个超感性的东西统治完全崩溃,那么存在者本身或人本身,事件、人的生活没有价值、没有意义了,这样一来,上帝死了之后,人的生存就失掉了重心。这个问题,可以说是一个最大的危机。尼采讲,他这个话是为了以后两个世纪讲的。尼采讲这个话是 19 世纪的末期,以后的两个世纪一个是20 世纪,一个就是我们现在的 21 世纪。如果我们回想一下整个西方的思想、社会状况,尼采确实预言了这么一种趋势、这么一种发展的情况。所以有一些西方的思想家、理论家都认为尼采是新时代的预言者,就是说他预见到西方社会碰到了严重的思想危机、文化危机、精神危机,而这个根子就在于"上帝死了",就是最高的价值成了问题。

这样一来,尼采讲的一个新的时代正在来临,要为当了2000 年之久的基督徒付出代价,就是说西方人当了 2000 年的基督徒,一直是把上帝看作是最高的权威,现在要付出代价,因为上帝死了。所以,这个使西方人得以生存下来的重心丧失掉。这样一来的话，就不知道何去何从，因为最后一切生存的根据、目标、意义都没有了。那怎么办？处于这种彷徨、没有办法的状态，尼采认为最大的问题就是发生了上帝死了，是最大的危机。关于上帝死了当然有种种说法，我们看《查拉图斯特拉如是说》里讲的，上帝怎么死的？有几种不同的说法，可以有不同的理解，一种说法就是上帝是我们大家杀死的，我们大家把上帝杀死了。还有一种说法是上帝出于对人们的怜悯而死的，因为他怜悯别人、怜悯广大的人民，因此自己死掉了。这些说法都可以有不同的理解。总的来说，根本的问题就是说上帝现在不存在了，不存在的时候就造成了一种精神、思想上的真空和危机。

那么这样一来，造成了这种虚无主义的状况有两种情况。一种是积极意义上的虚无主义，为什么？既然一切最后、最高的价值都没有了，因此一切都是可能的，一切有待我们去创造。我们已经没有任何的限制，因为过去都是受上帝的规定，一切受以前传统观念、传统文化的限制，而现在这些东西都不存在了，都推翻了，因此我们有充分的余地可以自我创造。这个结果就是说虚无主义的一个积极结果，就是说一切都是虚无的，都是没有的，而一切都是允许的，都是可能的，因为没有人限制你了，每一个人可以自由发挥。俄国的小说家陀思妥耶夫斯基的小说《卡拉马佐夫兄弟》里头就有一个人物，有一句很出名的话："如果上帝不存在了，那么世界上什么事情都可能发生。"他这个意思跟尼采的思想差不多一样，一切都可能了，如果有个上帝的话，他限制你应该怎么做，都给你规范好了，而上帝不存在了，一切都有可能了，一切都允许了，就没有规范，没有任何的清规戒律了。所以尼采看起来，虚无主义有两种，一种是积极意义上的，就是如果你有强大的力量，就可以利用这个机会，因为最高的价值没有了，需要重新建立起价值来，一切都是可以自由发挥的。

但是，相反来讲，另外有一种是消极的虚无主义，就是说感觉到现在上帝不存在了，他内心里头需要有一个东西能够规范他的行动，但是自己又没有力量找一个东西来代替上帝，因此就陷入悲观、绝望。所以虚无主义可能造成两种不同的反应，一种是积极的，就是可以给你充分的自由，可以去创造新的东西，创造新的价值，创造一切，但另外一方面如果从消极意义上来讲，就会陷入悲观、绝望，处于一种无可奈何的境地。

尼采所主张的当然是一种积极的虚无主义，我想他整个思想的出发点就是"上帝死了"，一切我们可以自己来创造，自己来建立新的价值，对过去的价值来进行重新评估，为此创造了条件。价值重估也是他美学思想的一个基础。

这个价值重估就是过去的价值都推翻了，我们重新来创造价值，重新来估计价值，这个所谓价值重估特别强调创造价值。以前的价值都没有了，都推翻了，那怎么办？一个人不能没有价值地生活，没有意义地生活，这不行，所以就要我们现在来重新创造、重新建立新的意义。这一点我认为也是尼采思想里面一个关键性的东西，就是强调创造新价值。为什么尼采的思想会发生影响、能够感染很多人？这是一个很大的原因。他讲的创造跟我们今天讲的创新，精神上有相通的地方，但当然还不是一回事。我们还可以看看他是怎么讲的。他认为旧的价值已经都不行了，都破产了，都瓦解了，所以现在首先就是把这些偶像、过去过时的东西都要推翻。他自己讲，我是炸药，就是对过去一切过时的东西、陈旧的东西，以及他认为是已经成为偶像的东西统统要炸毁掉、要打倒。他甚至说他的工作就是推翻偶像，而不是要去树立新的偶像。这一条尼采讲得很清楚，一方面打倒旧的偶像，另一方面不要去树立一个新的偶像。上帝死了,过去的老一套的东西都过时了——那就是偶像,所以这些偶像都应该被推翻。那么怎么办呢? 偶像推翻了之后就需要有新的创造,有两个办法,一个是过去的上帝我们完全否定了,另外一个我们要创造我们自己的一个新的上帝,这个当然是一个比喻的说法了。那么就要创造,他认为创造是一个最高的要求,是真正的存在。所谓创造就是新的评价,就是对过去老的一套东西我们都推翻掉,要有新的评价。新的评价本身就是个创造,就是要创造出一个目标。因为过去有目标,现在没有了,所以要创造出一个新的目标,要为世界创造出一个新的意义,包括要创造未来的人。所以他讲创造本身就是一种信仰,老的信仰没有了,所以我们就要创造新的东西,而创造本身就是一种信仰,缺乏创造力的话,那人就没有信仰;如果老的信仰没有了,又没有办法创造出新的东西来,就根本没有信仰可言。他甚至讲,一切伟大的爱本身就在于创造,只有创造出新的东西来,才表示你对新的事物的爱,也就是说只有创造才有真正的自由,创造具有绝对的、最高的价值。所以,尼采是非常注重创造的。对已经创造出来的东西,他认为没有什么了不起,而重要的是创造新的东西。他甚至讲,一个最微小的新的创造,也比谈论已经造成的东西要高明得多。所以他强调:"我们生活的幸福不在于在生活的认识中,而在于在创造中。"强调人一定要学习怎么样去创造,不仅仅是创造世界、创造意义,而且要创造我们自己。因为照尼采的说法,人本身不是固定的本体,是可以塑造的、正在形成的,因此这个创造不仅是创造世界,而且也是创造我们自己本人。重估价值我们可以看出他整个美学的出发点就在这里。

下面我讲第三个问题,美学问题在尼采思想中所占的特殊的位置。尼采不像一般的艺术家、哲学家和美学家那样去讲美学是为了解决审美和艺术的有关问题，而是要用美学来解决人生的根本问题，所以他的美学不局限于讲审美的一些专门问题，而是提倡一种审美的人生哲学，就是用艺术、审美去解决人生的一些根本问题。尼采有一个非常重要的观点，"只有作为一种审美的现象，我们的人生和整个世界才显得有充足的理由。"如果说我们要在这个世界上生活，这个世界没有意义了，人生也没有价值了，那怎么办？只有一个办法，就是使这个世界和人生成为一种审美的现象，这样我们才能够生活下去，能够为人们所接受。可以说这个观点也就是他的美学著作《悲剧的诞生》的一个最主要的思想。他年轻的时候写了《悲剧的诞生》，这可以说是一部专门讲美学的书，后来尼采陆陆续续讲美学问题，也有很多关于美与艺术的论述，但是不完整系统，所以这本书虽然是他的早期著作，但还是代表他的美学的基本观点。这本书从表面上讲是讲悲剧的，特别是讲希腊悲剧，里面确实也讲到希腊悲剧怎么产生发展，用一些观点去解释希腊的整个文学艺术，但实际上这本书表达了他对生活本质的一个新的理解。他给他的老师写过一封信，说他所写的书是要提出某种宣言一样的东西，要对德意志精神提出新的希望，就是说他认为当时的德意志精神已经完全堕落了，因此他想要通过《悲剧的诞生》讲古希腊来重新使德意志精神复兴，所以他的想法远远超出美学的范围。

讲起《悲剧的诞生》，大家首先想起叔本华和华格纳，因为这本书是尼采的早期著作，而我们大家都知道，在尼采年轻的时候、开始写这本书的时候，他受到叔本华哲学和华格纳的音乐的强烈影响，所以过去给大家的印象是《悲剧的诞生》里的一些基本的思想都是来自于叔本华。我的看法有一点不一样,从现在看到的很多资料来看,我感到一方面尼采确实受到叔本华相当深刻的影响,对华格纳的音乐当时也是非常崇拜、非常欣赏的,应该说他在写这本书的时候,确实是受叔本华思想和华格纳音乐的影响。但是,另外一方面,我们也要看到尼采的独特的思想,就是说他一方面在书里体现了叔本华和华格纳的影响,但更重要的在于他提出了一个新的思想、新的观点,而这个就是我前面讲的价值的重估问题、创造新价值的问题,这应该完全是尼采的一个新的创造,也可以说是尼采跟叔本华、华格纳都不一样的地方。所以我认为这本书应该说是尼采建立他自己的艺术哲学、生活哲学的一个起点。

叔本华的《作为意志和表象的世界》这本书对尼采影响很大。尼采的房东开了一个旧书店,他某日在书店看到叔本华的这本书,读了之后就完全受到了叔本华的影响,而且非常崇拜叔本华的基本思想,我们从他当时的一些书信里或其他的一些资料中都可以看出。但是另一方面,从《悲剧的诞生》里也暴露出他跟叔本华思想的一个基本的分歧,而后来尼采一系列的观点应该说在这本书里已经开始萌芽了,所以我认为这是尼采建立自己的生活哲学、美学的一个起点。

尼采的独创性到底表现在什么地方呢?应该说他这本书的基本思想确实是受叔本华的影响。我们知道叔本华的一个基本的最重要的思想就是他是用唯意志论的观点去看世界,就是说整个外在的世界、我们接触到的世界客体都是我们自己的表象,但是这些表象、这些客体又只不过是一个现象。叔本华受康德的影响,认为现象世界背后还有一个自在之物。康德认为自在之物是不可认识的、一个假设,叔本华认为这个自在之物就是意志,一切表象、一切现象归根到底都是从现象背后的意志而来的,意志是所有的事物最内在的本质和核心。在叔本华看来，这个意志又是一种盲目的、不可克制的冲动，是一种不能认识的、非理性的力量，这种非理性的意志支配了整个世界，也构成了世界以至于我们人生的真正的本体。但是世界既然是由一种非理性的意志所支配，那么它本身就没有什么规律、没有什么价值可言，因为它本身是盲目的，是一种冲动。因此叔本华得出来的结论就是这个世界是没有意义的，因为被背后意志的冲动所控制。我们人在世界上生活也是没有意义的，生活是一场漫长的梦，而且充满了痛苦。为什么充满痛苦？因为这个盲目的意志、这种冲动的力量驱使我们去为了满足自己的欲望，进行不间断的追求。我们今天一个欲望得到满足了，明天又产生了另一种欲望，而这个欲望是永远不可能完全得到满足的，因此人总是不断地陷入痛苦之中。要摆脱痛苦，有两种办法，一种是通过艺术。艺术是一种超脱，可以暂时使我们进行审美的静观，忘掉这个意识，所以可以暂时从痛苦中得到解脱。但是这种手段是暂时的，因为人在审美静观的时候可以忘掉意识，忘掉自己的意志，忘掉自己的欲求，但这是一个暂时的解脱，不能解决根本问题。怎么样解决根本问题？就只能是杜绝我们的欲望。我们的欲望是我们一切痛苦的来源。而在他看起来，艺术最高的阶段就是悲剧。悲剧为什么高明？因为它作为一种最高的形式，就是展示生活的本质，把生活痛苦的方面、可怕的方面展示给我们看，使我们通过它看清生活的本来面目。生活的本来面目就是我们不断地因为欲望得不到满足而受苦难，遭到不幸。因为通过悲剧，我们可以认识到这一点，因此我们提高了认识，放弃生活的意愿，心甘情愿地听天由命，在命运面前退让。这就是叔本华认为悲剧起的作用，根本的办法就是要消灭我们的生活的欲望。

　　这种观点曾经在叔本华思想传入中国以后，产生了很大的影响,最著名的一个例子就是王国维。王国维是一个很了不起的大学者,但是他写的《红楼梦评论》完全用叔本华的观点来解释,认为《红楼梦》里面的悲剧、不幸和苦难都是因为人有生活的欲望。所以,如果要说典型的例子的话,王国维的《红楼梦评论》是一种非常典型的叔本华的观点。尼采和叔本华表现出来的差别到底在什么地方?有一点是一样,就是尼采也是从唯意志论这个观点出发的,他也认为这个世界人生是使人痛苦的、使人无法理解的,是可怕的,但是他有一条跟叔本华根本不一样,就是坚决反对把我们的现象世界跟自在之物完全隔离开,而是认为我们的意志就表现在现象世界之中。所以他不是说要到虚无主义的形而上学的范围里去求到一种安慰,他早期还有这样一种想法,但是在后期完全摆脱了这种想法。尼采自己说,他当时写这本书的时候,已经有了一种新的价值判断,但是还没有说得很清楚,他真正明确地摆脱叔本华的影响,还是在后来。叔本华讲的是抛弃世界、否定生活,是因为这个世界没有意义,生活使我们痛苦。尼采一个根本的观点,就是说这个世界本身没有意义、没有价值,是令人痛苦的,但是这个现象世界是我们唯一的世界,我们没有来世,也没有一个天国,就注定要在这个世界里生活,既然是这样,那么就应该勇敢地活下去。而要使我们能够活下去、我们这个世界和我们这个人生能够使我们所忍受,就必须要赋予它新的意义,要创造出新的价值。叔本华的办法就是逃避,既然这个生活没有意义、没有价值,因此就不要生活了,就逃避掉、抛弃掉了。而尼采认为既然是本身没有价值,我们就要创造新价值,要赋予它新的意义。所以虽然他们的出发点有一些相同,但是得出的结论是不一样的。我认为尼采和叔本华最大的区别是在于创造新价值、创造新意义这一条。讲生活是痛苦的、可怕的,这一条并不是什么新发明,甚至虽然叔本华在这一方面讲得很多,大家都认为他是悲观主义哲学的代表人物,但是这个思想应该说古已有之。从古希腊、罗马时期这种对人生、世界的悲观的看法就有了,不过是到了叔本华那里发展起来,而且跟印度哲学和佛教结合起来。这种认为世界是可怕的、没有意义的观点并不是新东西,而重要的、关键的是尼采要创造新价值、赋予新意义,使我们能够在这个世界活下去。所以在《悲剧的诞生》里,尼采提出一个观点,就是要通过美、通过艺术使这个世界能够为我们所接受,能够使我们活下去。美跟艺术是作为一个唯一的价值来对待的,因为其他的价值都已经不行了,上帝已经死了,都推翻了,真理、宗教、上帝都不管用了,要活下去怎么办? 就只能依靠艺术把这个世界变成审美的对象,这样才可以有它存在的正当的理由。所以这个思想可以说是尼采的一个新的创造,也是《悲剧的诞生》这本书里我认为最重要的一个基本的论点。他还讲到一些其他的问题,比如古希腊悲剧。大家知道,最出名的就是讲两种冲动,一种是阿波罗冲动,一种是狄奥尼索斯冲动,或者说日神、酒神这两种冲动,这是具体的说法。当然也是有新意的,但是我感觉最重要、最基本的一条就是对审美价值的强调,这一条可以说是这本书里面最重要的一个观点。

这个也是对世界、对生活采取什么态度的问题。尼采的一个根本态度是不管生活怎么痛苦、怎么没有意义,都要采取积极的肯定态度,而不是消极的否定态度。我想这一条是他跟叔本华的一个重要的差别。开始他相信叔本华,到后来采取尖锐的批判,关键也就是在这方面。叔本华是完全采取消极的态度,既然是痛苦的、没有意义的,因此只能逃避,而尼采完全是采取另外一种积极的立场,不管怎么痛苦,不管什么问题,都要生活下去,要积极创造价值,来创造新的生活。

　　所以，尼采后来写的书说这本书本身是反对悲观主义的，因为这本书教人一种比悲观主义更强有力的东西，比真理更神圣的东西，那就是艺术。尼采把艺术的位置摆得非常之高，比真理更神圣，甚至于比上帝更神圣，对于尼采来说，审美的价值是在宗教垮台以后，他认为能够代替宗教的唯一的最高的价值。尼采对基督教，他对基督教的道德、虚伪等等进行了很多揭露、批判，他认为基督教最重要的一条是对生活本身的态度。他认为基督教是完全毁灭人的生活意志的一种东西，是一种最危险的、使人越来越衰弱、逃避的东西，而不是使人生活得更坚强。这也是他反对基督教的一个最大的理由，他在《悲剧的诞生》里强调的就是一个积极的意义，就是怎么面对生活。

　　下边我想讲一讲阿波罗精神和狄奥尼索斯精神。实际上尼采提出这个问题来，也不是第一个，因为他之前也有人谈到，但是像他那样的谈法确实很少。阿波罗和狄奥尼索斯是古希腊神话里面的两个神，尼采借用这两个神的名字来提出他自己的一种文艺理论、一种观点。阿波罗，我们现在一般都把它翻译成日神，因为古希腊神话里面阿波罗是管光明的神，太阳是代表光明的，所以翻译成日神也不错。但实际上阿波罗是一个多功能的神，我们看古希腊神话，阿波罗管的东西挺多的，不仅仅是代表太阳，他跟有一些神话里面和埃及神话里面的太阳神不太一样，不是一个至高无上的神，是一个后来的神，在奥林匹斯山上众神中间，他并不是最早的、也不是最高的，而是一个晚到的神。现在有人考证认为这个神来自北方，并不完全是希腊土生土长的。不管怎么说，他不仅仅是代表太阳，他还管医药、管寓言，也同时管到音乐，管的东西挺宽的，所以是一个多功能的神，但是主要的

111

当然可以说是太阳神。

狄奥尼索斯是酒神，完全是从小亚细亚传到希腊的，并不是希腊土生土长的一个神。尼采借用这两个神来代表文艺创作中的两种冲动，他认为整个希腊的悲剧、希腊的文学艺术的发展都是由于这两种基本力量在起作用。尼采把这两个神抽象化、普遍化，变成了一切文学艺术创作的一个基本的原则。

我们知道阿波罗在尼采那里是表现为梦，狄奥尼索斯表现为醉，我们讲如梦如醉，如梦就是阿波罗，如醉就是狄奥尼索斯。阿波罗表现在梦里头，梦当然是我们人的一种幻觉，但是梦给我们一种美的图景，使我们能够暂时摆脱现实的痛苦。正是在梦里头，人可以直接把握形式，在静观美的梦幻世界的时候得到莫大的愉快。尼采认为阿波罗这种梦的世界，是一切造型艺术的前提，而且也是诗的前提。所以阿波罗的精神他认为是可以代表所有的造型艺术，建筑、雕塑一直到史诗，都是以阿波罗的精神来代表。

狄奥尼索斯则不同，他表现为醉。喝醉了酒之后，人在醉的状态之下就丧失了自己，所以形成了一种类似迷狂的、带有神秘意义的经验。这种经验可以说是狄奥尼索斯经验，是从小亚细亚传到希腊的。狄奥尼索斯代表了一种人跟周围的一切完全打成一片，融化于周围一切之中。如果说阿波罗还有一定的克制、一定的节制，那么到了狄奥尼索斯就完全打破了一切的规则，打破了一切的节制，是跟周围的东西，人跟人之间、人跟大自然之间完全融成一片。尼采认为这不仅仅是希腊的艺术的发展，而且普遍地讲，文学艺术的发展都是出于这两种基本的冲动。狄奥尼索斯的表现最明显的是音乐和舞蹈，在音乐和舞蹈中间什么都忘记了，都打成一片。

尼采用阿波罗和狄奥尼索斯来解释整个希腊的文学艺术史，他提出了他的一些观点，但是这些观点严格讲起来，专门研究古希腊文学艺术的人现在可以挑出很多毛病，认为有很多牵强附会、不符合历史的情况。所以，它们的重要意义并不在于用于解释古希腊文学艺术能够达到多么高的理解，而是在于提出一个新的观点。这是一个什么观点呢？就是狄奥尼索斯是一种非理性的力量。对于古希腊的艺术，过去一直强调一个固定的习惯的看法，认为都是讲究和谐、静穆、美、理性，把这个作为古希腊文学艺术的一个主流。而到了尼采那里，他看到了另外一面，认为最根本的东西还是在于一种非理性的、出于人的本能的力量。他认为这个在古希腊文学里，特别是古希腊的悲剧的诞生中间起到了更大的作用，这应该说完全是一种新的见解。一个重要的意义是指出了非理性的因素在美学中的重要地位。文学创作中的非理性的、本能的、无意识的因素一直是一个问题，到现在还是没有得到认真的、很好的研究解决，有很多问题没有搞清楚。但是尼采提出了这个问题，这就造成了非常大的影响，把非理性的、文学创作中间的无意识的因素提高到非常重要的位置，而这对于现代西方文学艺术的发展来说是一个非常重要的新的方向。

对于文学艺术中非理性的东西占什么样的位置的问题，尼采认为比理性的因素更重要。应该说这个非理性主义的思潮也是从尼采开始的，从尼采以后，整个西方的文学艺术发展的风气有一个很大的改变，强调无意识、强调非理性主义的思潮开始发展起来。无论是哲学方面也好，文学艺术方面也好，有很多非理性主义的派别、流派都可以从尼采那里得到很丰富的思想营养。最明显的一个例子就是弗洛伊德。应该说弗洛伊德在美学发展史中也是一个重要的力量、重要的派别,他对尼采特别欣赏,认为尼采提出的很多问题已经走在他前面,甚至认为尼采对人的心理的分析达到了非常高的高度,无意识的一些问题他很早就提出来了。弗洛伊德甚至在写书的时候不敢拿尼采的书作参考,因为他发现很多观点实际上尼采已经都接触到,如果参考了,人家会说他看尼采的书看得太多了,完全是抄尼采的东西。所以我想尼采提出阿波罗和狄奥尼索斯的很重要的意义是把非理性的因素加以强调,提高到文学创作的主流的位置。

我最后讲一个问题。除了《悲剧的诞生》,尼采讲到其他一些美学观点。《悲剧的诞生》是他早期的著作,里面有一些基本的观点很早就树立起来,但是他后来在大量的著作里面都讲到文学艺术,我想把一些我认为比较重要的的观点跟大家介绍一下。

《悲剧的诞生》里面讲到审美的问题,讲到艺术的问题,但是没有对美是什么下一个定义,整本书里找不到他怎么讲美,美是什么他并没有讲清楚。到后来的著作里,他就讲到这个问题。有一段话他讲得比较清楚,他把美比作是一支缓慢的箭,说最高贵的那种美并不是突然地使我们心荡神移,并不产生一种暴风雨一样的令人极度兴奋的印象,如果是这样的话,很容易引起我们的厌恶,而是慢慢地渗透到我们的心中,几乎是不知不觉地把我们带走,而且在我们的梦里又重新见面,长期在我们心中存在之后完全占有了我们,使我们的眼睛里充满了眼泪,心里头充满了期望。但是讲了这些话以后,最后一句话:"但是这是一个错误"。尼采的根本思想是这样的,认为在梦里头我们和美又重新见面,是慢慢地起作用,使我们眼睛里充满泪水,使我们心中完全被美所占有,充满了期望,一切都是好的。那么,使我们的生活确实过得很好,但是这一切都不是真的,这是他整个美学思想的一个很重要的观点，就是美可以使我们生活下去，但是美是虚假的，不是真的，如果你认为美是真的，那就是错误的。他甚至这么讲，这个世界是美的，使我们能够生活得很好就够了，为什么一定要问这个美之后还有什么东西、一定要寻根问底去问？这个没有必要，就这一点理由就足够了——美能够使我们生活下去，能够使我们生活得幸福就够了，如果认为这个是真的，那这就是一个谬误，这些都是假的。尼采的一个根本思想是认为这种东西都是相对的，都是假的，没有真理——绝对的真理，包括美在内。另外一个说法，他说美已然不是真的，是人制造出来的幻想，是一种做梦，所以它本身是相对的，他非常强调美是相对的。我们知道过去西方美学史讲美，比如，柏拉图讲美的理念，讲美本身，尼采则认为这个完全是荒唐的，没有这样的东西，脱离了人根本就没有这些东西存在，所以他强调美是人自己的创造物，而且是人以自己作为标准而创造出来的，这一条也是尼采的一个基本观点。所以他讲美、讲艺术，以人为中心、人本主义的思想非常浓厚，讲美脱离不了人，而且是把人作为中心来看。他说人总是想象这个世界到处充满了美，而忘记了我们自己是造成这一切美的原因，是因为有了人、有了我们自己，所以这个世界才会美。他讲，人不过是在事物中间反映他自己，他看的事物是美的，实际上这是把我们自己人的形象还给自己罢了，其实不是一切事物美，而是一切美在于我们自己。所以世界之所以是美的，是因为我们把世界加以人化，如此而已。我们把世界人化了以后，眼中看到这个世界才是美的。当然，我们现在讲这个世界人化的问题也有不同的说法，也有一些人提出，尼采讲的世界的人化和马克思主义讲的是不是还有相同的地方？应该说两者是完全不一样的，尼采完全还是从人本主义的立场来讲这个问题，马克思则是通过劳动实践使这个世界人化,所以原则上不是一回事,但是尼采确实是讲了世界人化这一命题。

另外,他从以上这些观点引导出两条美学的基本原理。一条原理就是没有东西是美的,只有人是美的,一切美学都建立在这句老实话上面,这是美学的第一条基本的公理。第二条基本的公理是除了退化的人以外,没有东西是丑的。他说整个审美判断的领域就局限于这两条原理。世界上所有的美都归结到人,只有人是美的,第二条就是人的退化、人的堕落,这个才是丑的,这个丑就是表示人本身的退化。所以照他这个解释,丑就是人堕落、退化的一种征兆。他说,我们为什么看到丑的东西都仇恨,都不愿意看丑的东西? 就是因为人最仇恨的就是我们人类的没落、堕落,所以对这个东西我们看到了之后心里就不高兴,就非常仇恨。

所以,在他看来,美归根到底是对我们人类有用、有益、提高我们生命力的东西,它就给我们美感,相反的,如果是表示人类的一种退化,是一种意志上的衰退,那么在我们眼里看起来就是丑的。因此,在他看起来,美与丑正是作为跟我们基本的自我保存的价值有关的东西才得到我们的承认。凡是有利于我们自我保存,人类力量的提高向上的东西,能够表现的都是美的,表示我们人的力量提高了。另一方面,如果是表现人的一种堕落、一种没落,这个东西就是丑的。他说要断定其他什么美什么丑都是毫无意义的,衡量美丑就是这一个标准,这个标准就是人类的自我保存,所以从这一条可以看到他的一种人本主义的观点。

另外,尼采关于艺术的作用的看法也可以讲一讲。他认为艺术是使我们的生活成为可能的一种伟大的手段,是把我们人引向生活的一个伟大的诱惑,是生活的一种伟大的兴奋剂,艺术是对否认生活意志的一个最好的抵抗力量,所以他认为艺术本身是一种像补药的东西,艺术是一种补救,可以使人在这个可怕而又不确定的世界里能够活下去,能够活得好,是一种补药。尽管这种补药在他看起来不是真的,是一种假的东西,但是我们生活下去就需要一种谎言。他认为过去其实很多东西都是谎言,以前的哲学上的形而上学的东西,道德、宗教等等,无非就是各种形式的谎言,跟艺术其实是一样的,但是现在上帝死了,其他东西都不灵了,只有一个办法,就是用艺术来代替。所以,人要重新树立对生活的信念,就要吃艺术这种补药,以艺术来补救。一方面他认为艺术的作用非常大,但是另一方面又说不要把艺术信以为真,如果把艺术信以为真,那就错了,因为它是一种谎言。艺术虽是一种谎言,但它是人生必需的谎言。

　　我们以前的美学都是讲真善美的统一,真善美应该是统一的,尼采恰恰是最反对这种看法。他说这个是不对的,道德完全是一个虚假的东西,说善跟美是统一的,这是可耻的;如果再加上一个真,说真善美是统一的,那么这种哲学家是应该处以鞭刑的,因为在他看来,真理恰恰是丑的。真理往往是丑恶的,所以他说我们要艺术是免得被真理所毁灭。这种观点很特别,跟过去的美学观点是不一样的。

　　我想再讲一点,尼采怎么样看待艺术的社会作用。刚才我也讲了,尼采强调创造、创新,所以他再三强调真正的艺术家不受任何陈规旧俗的束缚。只有在信条松弛的地方,艺术才能抬起头来,所以他最反对艺术抄袭、模仿,认为如果完全信守这些信条的话,就完全没有创造性的艺术可言。关于艺术的社会作用,这个问题比较复杂一点,因为一方面我们历来讲艺术的几种作用,一种作用比如说是认识作用,我们向来是认为通过艺术使我们可以认识社会。尼采恰恰是对此否定的,他认为艺术没有这个认识作用,因为认识是要认识真理,恰恰艺术本身是一个幻想,是一个梦,是一个谎言,因此它本身没有认识的价值。另外一点,我们大家历来是讲文学艺术有道德教育作用,他也很反对,完全采取否定的态度。他认为文学艺术的道德教育作用是没有的,因为他对道德自身有看法,认为道德本身是一个虚假的东西、相对的东西。如果了解尼采的道德学说就很容易理解了,他自称是第一个非道德论者,所以不赞成文学艺术要宣传道德教育。他说如果一个艺术家要超出自己的范围,去做艺术家以外的事情,比如说要去做人民的道德唤醒者,去教育人民,这就是完全错误的事情,不应该超出自己的范围去搞这些东西。既然他把道德作用也否定了,把认识作用也否定了,那艺术到底还有没有重要的社会作用呢? 他认为如果说艺术没有道德说教、促进人类认识的目的,并不能够得出结论说艺术是没有意义、没有目的的。他说,艺术做些什么呢? 它不进行赞扬吗? 它不进行选择吗? 它不是把某些事物放到重要位置吗? 他说在这样做的时候,艺术都会加强或者削弱某一种评价,这不是一个不重要的事情,一个艺术家的最基本的本能不是同艺术的目的、同生活相关的吗,同某种他想要的生活相关的吗? 所以提出了一连串的问题之后,尼采的回答是,艺术是生活的伟大的刺激力,刺激我们去生活,怎么能够把艺术看作是没有目的、没有意义,为艺术而艺术呢? 所以他坚决反对为艺术而艺术的观点,认为我们要艺术是为了生活,为了加强我们的生活的意志,所以他并不是一般地否认艺术有社会目的,而是认为过去我们大家谈的目的和作用还不够崇高,因为仅仅是讲认识作用、讲道德作用,这个讲得太低,不能跟艺术相配,因此要从更高的意义上,就是对我们生活的意义上来肯定艺术的目的和意义。比如说悲剧,他说悲剧要传达给人家的是什么呢? 不就是人对一些可怕、可疑的东西

118

的那种无畏的态度吗？这种态度本身就是值得高度赞扬的，所以，一个勇敢和自由的精神，面临着一个强大的敌人，面临着一个伟人的不幸，面对着一个令人恐怖的问题，结果还能勇敢地活下去，他说这样对社会难道还不起作用吗？所以，在尼采看来，艺术的作用是很大的，不是说没有作用的，艺术家也应该承担起自己的社会使命。在一个地方尼采是把诗人叫作影响未来的向导。我们今天没有谈到尼采的另外一些思想，像超人的学说，他总的一个想法是认为现在的人类太平庸、太差劲，应该创造新的人，应该要有更崇高的、更理想的人。他认为整个文学艺术的作用就应该是引向未来，要创造出有利于创造出新的人的形象。所以他讲现在我们人身上还有很多剩余的力量没有发挥出来，应该全部用在一个确定的目标，不是去描写过去，也不是去描写现在，而是应该指出通向未来的道路。所以他甚至这么讲，作为一个诗人，作为一个艺术家，跟政治经济学家不一样，他的任务不是去预测一种更好的社会状况和实现这个状况的途径，而是要去创造一个人的美好的形象，就是未来的人的形象。诗人就是通过塑造新的人的形象来帮助创造未来。尼采认为他是非常钦佩歌德的，他说这个工作需要更多的、优秀的探路者来进行探索，而这是由歌德这个伟大的德国诗人开始的。这是尼采对艺术家作用的一个看法。

　　不过有一点是非常矛盾的，一方面尼采讲了这么多，对未来的理想、对文学艺术的期待，但实际上，20世纪以后一直到现在，西方文学艺术的发展却完全不是像尼采所设想的那样。尼采确实是破坏了一个旧世界，他自己是一个炸药包，他把旧世界的一切理念、一切宗教、道德、文化都加以彻底批判，都批判得体无完肤，但是他并没有能够指出一条通往未来的真正的道路。我们知道有很多西方的作家都受到尼采的影响,特别是很多进步的作家,不仅仅是右翼的作家,很多左翼的作家也受他的影响。但是我看他们创作的一些文学艺术作品都没有能够创造出真正的新的人类的形象来,像尼采所说的那种通向未来的道路,始终没有通过尼采的影响呈现出来。相反,尼采预期说可以创造出新的人的形象来,而受尼采影响的一些西方的著名的文学家在 20 世纪创造出来大量的典型,都不是像尼采所设想的那种生活中间的勇敢的战士,而是一些玩世不恭、随波逐流、颓废失望、彷徨不安、毫无生活理想的庸人。

我要举最简单的几个小说的例子。我们知道受尼采影响的西方的大文学家之一是萨特。萨特最著名的小说《呕吐》,其中像洛根丁那样的人物,完全是一个在生活中颓废不堪的、一点儿生活理想都没有的人。另一个法国作家加谬,也受尼采的影响很深,他写的《局外人》中的主角也是这样的一个人。德国本国受尼采思想影响最深的著名作家托马斯·曼的一篇小说《死在威尼斯》,大家都认为是贯彻尼采思想的,但是我们看那篇小说里的人物也是这样一个根本不是代表未来的人物。所以虽然尼采宣传了自己的那些文学理论与理想,要求文学艺术家要创造新的价值、创造新的意义,要影响未来的道路,但产生的结果就是这样,这也可以说是对尼采整个美学思想的一个讽刺。

问:谢谢老师的讲课,我得到很大的收获,感受很多。尼采虚无主义的这个虚无,跟中国古代老子、庄子他们讲的虚无是两个概念吗? 能不能做一个中西的比较?

答:尼采的虚无主义,还是西方 19 世纪末的一个现象,这个词还是从俄国文学里传到西方的,屠格涅夫的小说《父与子》里头的那个巴扎罗夫，被认为是虚无主义的代表人物、一个典型。但是如果说与中国古代思想里的虚无比较，也有一些学者做过，比如像台湾的陈鼓应教授，就专门做过比较，说尼采和庄子的思想可能有一些共同点。但是我个人认为尼采主要是针对西方的现实社会问题，特别是对西方文化而发的，与老、庄不可同日而语。今天因为我们没有多谈他对西方社会的批判，他对西方文化的批判，这里面有一些观点可能跟中国的老子、庄子有一点相通、类似，但基本上是针对当时西方现实的。比如说尼采对群众，我们知道都是看得很低的，是蔑视的，但是他针对的、主要批判的是商品社会、市场经济条件下的庸人等。他一方面看不起群众，另一方面对上流社会也非常看不起，把上流社会的人骂得狗血淋头。他说那些上流人物在他看来都是人类的渣滓，讲到这种程度，但是有一些东西，对当时现实不满的这种情绪，跟中国古代的有一些人可以有类似的地方，可以比较，但情况、语境完全不一样。尼采主要是针对 19 世纪后期的西方社会的一些现象，他的虚无主义推翻的主要对象是基督教的上帝。他对基督教批判得最厉害，因为西方的文化传统中基督教是最高的权威。

问：以创新为主要特征的学术研究范式同政治发生冲突以后，它的解决方法和渠道是什么？希望你给大家做一个解说。

答：尼采讲创新、创造主要当然还是在精神范围里头讲的，他的社会、政治观点，今天我们没有时间说了。一开始我就讲尼采比较复杂，就是说你可以在他的言论里找到各种各样的观点，尼采的一些观点如果今天来看的话，要加以批判

121

那是很容易的,你一找就可以找一大堆。我的想法是,我们现在是要认真读尼采,但是又不能相信尼采这一套,不能信奉尼采这一套,而主要是从他那里看他提出什么问题来启发我们的思考。我感到,比如像创造这个问题,我们主要是要考虑尼采提出的强调创新、创造,这个现在对我们还是有启示。不要迷信权威,不要创造新的偶像,这一条还是很起作用的。如果一定要把它联系到政治上去,又有什么必要呢?

杜廼松

青铜文明与殷墟青铜器

　　杜廼松,1937年6月生,北京市人。1962年北京大学历史系考古专业毕业。研究青铜器与金文著名学者。北京故宫博物院研究员、中央文史研究馆馆员、国家文物鉴定委员会委员。1992年获国家级有突出贡献的专家称号。为多所大学兼职教授并培养研究生,桃李满天下。

　　在海内外发表大量学术论文。出版独著与合著30部,如:《青铜器简说》、《青铜器鉴定》、《中国青铜器发展史》、《步入青铜艺术宫殿》、《齐鲁燕中山青铜器》、《中国文物定级图典》(1—4卷)、《吉金文字与青铜文化论集》、《青铜器收藏鉴赏全集》等。论著建立了完整的中国古代青铜器与铭文的发展演变的理论体系,同时还取得了金文考释等其他许多重要科研成果。参加全国文物鉴定系统工程,并负责青铜器与铭文的鉴定。曾赴美、法、日、韩和香港、台湾等地进行文化学术交流,海内外媒体称其为"青铜器鉴定第一人"。

今天讲的题目是"青铜文明与殷墟青铜器"。在这个大题目的基础上，主要讲下面三个内容。

一、青铜文明的历史意义

大家都知道，中华民族历史文化的积淀很深厚，而且这种文化是连续的，没有间断的。古代文明起源很早，在古代文明的发展过程中，产生了青铜文明，青铜文明的产生，形成了一个"青铜时代"。那么什么叫青铜时代呢？就是在人类社会历史的发展过程中，根据物质文化来划分历史阶段，其中青铜时代是一个重要的阶段。在青铜时代之前有石器时代，在青铜时代之后有铁器时代。

我们今天讲的青铜时代，简言之，它就是指在这个时代，青铜的冶炼和青铜器的铸造代表了当时社会发展的最高生产力；青铜制品用于生产、生活和其他许多方面。青铜器的使用促进了农业、畜牧业、手工业和各种文化的发展。青铜时代是人类历史发展中的一个重要阶段，因为实际上从青铜时代开始，人类社会历史开始进入文明阶段。但是我们要补充一点，并不是说只有青铜发明就完全进入文明，它还需要附加很多其他的条件，比如说早期城市的产生、最早文字的发明等等，当然青铜器的发明和铸造是在这个历史阶段中一个重要的因素，重要的一环，重要的基础。

125

我们说,经过不断进行深入的学习和研究,从理论到实践,只有理论不行,只有实践也不行,两者必须要融合在一起。经过长期的研究,可以确定中国历史上的夏、商、西周和春秋是属于青铜时代的,但是这并不是说在此之前和在此之后就没有青铜器的发生和延续。中国真正的青铜时代从年代上说,主要包含夏、商、西周和春秋,即公元前21世纪到公元前5世纪这一时期。根据青铜器发展的情况,青铜时代内部还可以细化为几个阶段:殷商时期是青铜器发展的一个鼎盛时期,但鼎盛时期并非殷商这一个时代。青铜器在西周时代也仍然高度发达,至春秋时代有所变化,到了战国、两汉又是一变,情况不太一样。殷商时代在青铜器的制作上数量大、品类多,制作很精良,花纹很繁复、很细密,这是它的一个总体特点。

　　通过各个方面的研究,今天以河南安阳小屯为中心及其辐射的周围地区,笼统地讲也可以包括现在的整个安阳地区跟它周边地区的文化,都代表了殷商时期的文化。当地出土的这些青铜器以及其他各类文物,就代表了殷商时期典型的文明。从青铜制品来看,青铜的礼乐器、兵器、工具等等都出土得很多,早已为古人所重视,更为今人所重视。历史上也好,今天也好,在以小屯为中心的地区发现了商代的宫殿、宗庙遗址;还有王城遗址;发现了许多大墓,有些属于王陵;还发现了多种的手工业作坊,其中包括冶铜铸铜遗址、制陶遗址以及制骨遗址等等。从史料记载和大量考古发掘资料来看,刚才我们说的这个小屯村及其周围的地区是商朝后期国都,还可以印证史书上记载的"盘庚徙殷",就是迁都到今天小屯这个地方,在这儿待了273年,"更不徙都",一直以此为国都。所以小屯地区的文化就代表商朝文化发展的最高水平。要了解殷商后期文化的情况,就必须要从小屯村出土的这些材料来入手,进行分析和研究。

殷墟非常重要,从盘庚始建国都至今,已经有 3300 多年的历史了。鉴于殷墟这个地域在各个方面的重要价值,2006年 7 月,联合国教科文组织批准安阳殷墟进入世界文化遗产名录。

二、殷墟青铜器与铭文的发现与研究

殷墟的各类文物、各类遗迹是殷商文明的代表,了解了殷商文明,对当时中华民族的文明发展程度及水准就能有一个高屋建瓴的理解。

首先,我们讲一下殷墟青铜器的发现与研究。

宋代有一部书叫《考古图》。《考古图》这部书,可以说是中国金石学最早的著述,约成书于公元 1092 年,该书就记载了当时安阳即如今安阳殷墟出土青铜器的情况。所以这是我们今天了解历史上殷墟青铜器发现的重要史料。现在安阳出土的材料很多了,我们可以断定一些传世青铜器也是出自河南安阳。

我们以"邲其三卣"为例。卣就是一种盛酒器,其形制颇似铜壶,上有提梁,常用来盛装一种香酒——"秬鬯"。"邲其三卣"有三件,都是商末期商纣王时期的器物,分别作于纣王二年、四年、六年,基本上是每两年作一件卣。器物的主人叫"邲其"。"邲其三卣"在殷商青铜器里面算得上价值很高的器物,尤其是它的长篇铭文,是研究商代历史及祭祀制度的重要文献材料。我们先看二祀邲其卣,上有提梁,有盖,圆鼓腹,圈足,颈部为夔纹拼成的兽面纹。六祀邲其卣的形制与二祀邲其卣基本相同,但其圈足上有个夔鸟纹,又像夔又像鸟。四祀邲其卣最具有代表性,它的铭文有 42 字;长颈,圆鼓

127

腹下垂,圈足,有提梁,提梁两头有犀牛兽头作耳,保存得很完整,造型很优美。二祀、四祀、六祀邲其卣都是传世青铜器,今藏于北京故宫博物院。

下面我们再举一个例子,就是保存在日本根津美术馆的三件盉。盉是一种酒跟水的调和之器。据说这三件盉都出土于大型陵墓。每一件盉器身上都有一个字,分别是"左"、"中"、"右"。为什么有"左"、"中"、"右"三个字呢?就是指示该盉在祭祀时应当陈放的位置。其中中方盉,有封口,下面有四足,上面有一个流可以倒酒;左方盉上刻有"左"字。古人宴飨也好,祭祀也好,是很考究、很严格的,讲次序,盉不能随便乱放,就跟鼎是一样的。铜器里头鼎最多,鼎的使用在等级上有严格的规定,在陈列上也都有严格规定。传世文献《仪礼》里面就提到说"上当碑南陈"。有时候祭祀时的鼎是一套列鼎,有好几个,最大的那一个就叫"上"。"上"要放在庭中竖碑处。"南陈",就是底下这个鼎按照从大到小的次序往南排列。可见怎么使用是有规定的,不能随便排列。又比如青铜器里的缶,是盛酒或是盛水的铜器,放在祭祀的宗庙外面。而铜壶很重要,完全是盛酒的,放在宗庙里面,故云"门外缶"、"门内壶"。这三件盉的"左"、"中"、"右"也是指它们陈放的位置。前几年保利集团下设的保利艺术博物馆,在海外收购了一件鼎,其上有两个字"左守",就是指这个鼎当放在左边的位置上。

自从 1899 年发现甲骨文,甲骨文被认识以后,殷墟这个地方就备受世人关注。20 世纪二三十年代,由于西方考古学对中国的影响,当时的中央研究院历史语言研究所在今天的小屯一带进行了正式的、科学的考古发掘,从 1928 年到 1937年共进行了 15 次。发掘的几个主要地点,除了我们说的小屯村之外,还有侯家庄和西北岗。如果哪一位先生喜欢这一阶段的文物,像我说的这些地名必须要熟悉。在这几个地点的考古发掘,发现了许多大墓和小墓,有的大墓还是王陵。比如说编号 1001、1002、1003、1004、1217 等等的这些大墓,出土的文物最丰富、最重要。1004 号大墓里面就发现了两个大方鼎,一个叫牛方鼎,一个叫鹿方鼎。为什么管它叫牛方鼎、鹿方鼎呢?因为鼎的器腹上,有牛头,或鹿头,而且器物的里面还有"牛"字的象形字和"鹿"的象形字。牛方鼎高度达到了73.2 厘米,鹿方鼎高度达到 60.8 厘米。

1937 年抗日战争开始,安阳的考古发掘就暂告一段落了。值得大书特书的一件事是司母戊大方鼎的发现。它是1939 年被一位吴姓农民发现的,由于是抗战期间,怕日本人抢走,于是又把它埋回去,埋在地下保护起来。直到 1946 年抗战胜利以后,才把它挖出来,运到今天的南京博物院。1959年的时候,中国历史博物馆建立,把它从南京博物院又调到北京中国历史博物馆,成为中国历史博物馆的镇馆之宝。司母戊大方鼎可以说是在中国仅存的,也是世界上仅有的大型鼎,重达 832.84 公斤,是已知的最大的一件商朝方鼎。

近半个世纪以来,殷墟的发掘和研究有了很大的进展,我们举几项比较重要的。

在 1950 年的时候,安阳武官村发现一座大墓,这座大墓已被前人盗掘过,但仍然出土了很多器物,如很有名的一件大石磬,虎纹大石磬。再有,1959 年,河南安阳后岗发现了一座祭祀坑,呈圆形,里面发现了一些器物,其中最重要的一件器物叫戍嗣子鼎,属于殷商晚期器物,器物的内壁上有 30 字的铭文。应该说在商代后期这么长的铭文是比较罕见的,其内容也很有意义。更重要的一次发现是在 1976 年,小屯村发掘了一座大墓,这个墓葬出土了铜器、玉器、骨器、象牙器等等,数量很多,仅大件的青铜礼乐器就达到了 200 件,而且很多同一个器种或同一个器型都是成双成对出土的,可见墓葬主人的身份相当高贵。这个大墓里面有铭文的材料,它有"司母辛",还有"妇好"这样的铭文。经过研究考证,结合甲骨文进行综合考证,这个司母辛的身份才得到确认。"辛",是她的庙号,就是祭祀时在宗庙里的一种称法。活人有活人的叫法,死了以后有死人的称呼、称法,一般叫庙号。司母辛是谁呢? 商后期,盘庚迁殷以后的一个后代叫武丁,他是历史上很有名的商王,在位50年,他的故事也很多。这个"辛"就是武丁王的配偶,而"妇好"跟这个"辛"是同一个人。刚才我们说"辛"是死了以后的庙号,"妇好"是她的生称,活着的时候叫妇好,甲骨文中也有记载。司母辛,就是祭祀的母亲叫"辛"。辛是武丁的配偶,武丁有两个儿子,前后继承国王,一个叫祖庚,一个叫祖甲。祖庚、祖甲祭祀他的母亲时自然就称他的母亲为"司母辛"了。所以这些器物也好,墓葬也好,它们大体相对的年代在武丁到他的儿子祖庚、祖甲这个时期,所以这群器物是很重要的,为过去青铜器的出土以及今天青铜器的发现都提供了一批断代分期时可以参照的标准器。

在这个大墓里面,出土的青铜器很多,我们举一两个例子吧。有一种器物叫三联甗,就是一个长方形的器座,像一个铜桌子似的,就是一个铜桌子上头有三个孔,上面都有甑,这个铜桌子就相当于甗的一个底部,所以它是起到一种蒸食物的甗的作用。三联甗,这是一件比较独特的器形,过去从来没有见过的器形,形体也很大。还有一种叫偶方彝。方彝,是盛酒器,主要流行在商后期,西周还有余晖,一般都是方形、长方形。偶方彝就像两个方彝连在一起。1976年发现偶方彝的时候,大家都没有见过这种器物,商量应该给它定个什么名字,郭沫若先生看了以后,觉得像方彝就给起了现在这个名字——偶方彝。另外，还发现了其他的很多东西，比如说铙。过去手持敲打的铜制的乐器叫铙，这个铙过去发现的都是三件一套，从来也没有见过如此五件一组的铙。五件一组，高矮有别，形制、装饰都是一致的，这是很生动的、罕见的，是研究古代乐器起源、发展的很重要的资料。

近几十年来殷墟各类文物的发现层出不穷，发现青铜器的遗址也层出不穷。举几个最主要的例子。根据有关方面的统计，近百年来殷墟这个地区出土的各种青铜制品（包括小件的器物）要上万件，由此可以看到殷商时期青铜冶炼铸造技术发展的程度。其中，大型青铜礼乐器就达到了上千件，可以看出当时的文明程度，跟整个经济的发展、社会的发展都是相互联系的。对于殷墟各类文物的研究，对于遗物、遗址、遗迹的研究也是从未间断的，刚才我们讲到的《考古图》就谈到这方面的问题。

近年来随着殷墟的材料的发现，有关方面也把这些材料都记录下来进行研究，比如说中国社会科学院考古研究所就对1976年妇好墓的发掘进行了科学记录，出版了一本大型的图录，叫《殷墟妇好墓》，这个材料是值得一看、值得一提的。同时，他们还编写过《殷墟发掘报告》这样的书。由于天时地利，河南安阳市博物馆保存了很多青铜器，他们就立足在那儿搞文物工作，专门写了一本书就叫《安阳殷墟青铜器》，这都是很值得参考的。当然，专家学者们的相关论文和著作就更多了。

下面，我们讲一下青铜器铭文的研究。

自古以来，殷墟这个地方出土的青铜器就很多，有很多是高端作品，但是比较起来，总有价值更重要一些的，比如在文物定级上可以定成国宝级，或者定成一级品、二级品、三级品等等。因为数量很多，也不可能都记那么多，要抓住主要的、关键的东西。我们现在举几个实例，因为这些都是属于高端作品，价值很高，了解了这些主要的东西，其他的问题就迎刃而解了。

首先我就讲一讲司母戊大方鼎。因为此鼎内壁有铭文"司母戊"三个字，所以一般管它叫司母戊大鼎，也有人把"司"字解释成"后"，"后母戊"，但是大家比较公认的是"司母戊"。也有一些过去通俗的叫法，因为很大，就管它叫马槽鼎。这跟过去道光年间陕西周原发现的那个虢季子白盘一样，当时县官发现它的时候，农民正用它当马槽用呢，后来这县官才发现原来是一个国宝。还有人把司母戊鼎叫做安阳大鼎的，等等。关于它的时代，过去都笼统地说是属于殷商后期，也就是商代后期，相当于现在的殷墟期，因为是那儿发现的。还有一种看法，认为司母戊鼎是文丁王祭祀他母亲的。文丁的母亲，也就是武乙的配偶。还有一种看法，认为是帝辛祭祀他母亲的，帝辛就是商纣王，商朝最后一个国王，母戊就是帝乙的配偶。武乙、文丁、帝乙、帝辛四个国王，都是属于殷墟晚期的了。

司母戊鼎年代的确定，可以参考妇好墓发掘的成果。刚才我们已经提到了妇好墓，也就是"司母辛"的墓。这个"辛"就是武丁的配偶，祖庚、祖甲的母亲。她的墓葬及殉葬品的时代就是武丁到祖庚、祖甲这个时期。可以说，妇好墓提供了大量的这个时期的标准器，这为司母戊鼎进一步研究讨论、准确地给它断代奠定了基础。我们从几个方面大致地比较一下司母戊鼎和刚才的那个司母辛鼎，会发现司母戊鼎的时代要提前几个王世。

我们先从两个鼎的书体、书法来进行一下比较。两个鼎的铭文的书法都是雄健宏伟，书法字体的写法风格一致，就好像一个人写的字一样。而且都是三个字，都是"母"字在右

132

侧,"司戊"、"司辛"在左侧,位置次序是一致的,时代风格也是一致的。再有,从形制上看,两个都是方形鼎,长方形,口沿上都有两个直耳,颈部全都有兽面纹,以云雷纹作为衬托,主体纹是饕餮纹。有的在主体的这个饕餮纹上还装饰小纹饰,所以形成三层花纹。妇好墓发现以后,我们才知道,三层花纹早在殷墟早期就已经出现了,并非是过去认为的商代晚期才开始出现。鼎的四个足上都有这种饕餮纹,而且在器物的四角也都有扉棱的装饰。唯独有一点不同,在什么地方呢? 司母戊大方鼎的耳朵上有两只老虎正欲食一个人头的图案,而司母辛鼎上没有。但是,从另外一个角度来说,我们也可以找到一些其他的例子,作为司母戊鼎的时代可以往前提的证据。比如说安徽阜南有一个小地方曾出土过一件龙虎尊,这龙虎尊如果给它断定时代的话,它也应该属于殷墟早期,它的器腹上也有这种两只老虎要吃一个人头的图案。这证明司母戊鼎绝不是殷墟末期的器物。最后我们从铸造上比较一下两件器物。经过研究可以证明,司母戊大方鼎的耳、身、足都是分铸法做出来的。古代制作青铜器主要是陶范法、泥范法,也可以叫泥模法,它用的是内范和外范,造这样一件大鼎,就得要用 24 块外范:器壁四面 8 块,器底 4 块,器足四条腿每条腿 3 块,共 12 块,加在一起是 24 块。司母辛方鼎的铸造也是这样复杂,铸造技术也是相同的。

另外,殷墟期之前,我们管它叫商代前期,也可以管它叫二里岗期,二里岗是盘庚迁殷以前的一个国都,现在大致就在今天的郑州。我们管它叫殷商前期,考古学上也管它叫二里岗期。这个时期发现的青铜器也挺多的,比如说发现的一个大方鼎,高度都达到了 1 米,重量都达到了 86 公斤多。在郑州的杜岭发现两件,另外在其他的地方也发现了,仅在郑州这个大的方位就发现了大型的方鼎五件。这说明远在殷商前期的时候，铸造大鼎的技术就已经开始应用了。所以铸造司母辛也好，铸造司母戊也好，都是完全实实在在的，完全可能的。

另外，我们从甲骨文上来分析，甲骨文里的周祭卜辞显示，武丁王的配偶有三个，其中也有叫"戊"的。有个卜辞说"武丁奭妣戊"，证明他的配偶中也有叫戊的。

所以我们通过多角度多种资料来考察司母戊鼎的时期后，认为跟司母辛鼎是同时的。这个"戊"是武丁的配偶，祖庚或祖甲的母亲，它的时代可以前提几个王世。这在中国冶金史乃至世界冶金史方面有着很重要的意义，它证明中国的青铜文明、能够铸造大鼎的时代又可以往前提了，这很有意义。

下面我们再举一个例子，就是刚才说的 1959 年发现的戍嗣子鼎——现在保存在科学院考古研究所。它的器形是圆腹，两直耳，三足，器身上有饕餮纹，铭文共有 30 字。怎么念呢？"丙午，王赏戍嗣子贝二十朋，在阑宗，用作父癸宝鼎，唯王䔲阑大室，在九月。犬鱼。"下面简单地解释一下。"丙午"是日期；原文上写"王商"，"商"就是"赏"字，古代的假借字多，不像现在分得这么细，差一点就是错别字。王赏，赏谁呀？"嗣子"，这就是人名。"嗣子"是一个官，职官名称是"戍"，负责管理狩猎、军队等等。赏赐给他什么东西呢？王赏赐给他贝，就是货币。赏给他货币多少呢？赏了"二十朋"。过去有人通过考古发现研究认为 10 个贝叫 1 朋。"朋"字的写法就像两串贝穿在一块一样。赏赐给他 20 朋，如果 1 朋 10 个贝，20 朋就是 200 个贝，想必当初 20 朋贝也是不小的一笔财富。但是西周遗址中却发现了 4 个贝或者 7 个贝为一组的情况，这说明 4 个或 7 个一组的贝可能也是贝币的一个单位。古代金文里头常有赏贝的内容，赏贝 5 朋、10

朋、20 朋、50 朋。西周铭文里头也有赏百朋的。在哪儿赏贝呢？它记地点了，在"阑宗"，"阑"应该念 jiǎn，不能念夜阑人静的阑(lán)，"在阑宗"，这是一个地点，这个"阑"字在好多器物上有不同的写法，但都是一个字，有的学者考证这个地点就是今天郑州的古地名。这个"阑"就是个"管"字，它也是借用的，在管地有商王的宗庙，戍嗣子因受赏就给他父亲癸做了这么一个宝鼎。什么时间做的？"唯王䣅阑大室"，大室就是太室，就是宗庙最重要的一间房子。礼仪活动和祭祀活动都是在太室进行。"䣅"在此为祭祀之义。这就是说，王到阑地太室祭祀之时，赏赐给戍嗣子贝二十朋。时间是什么时间呢？在九月，算上前面的日期，即在九月丙午这一天王对戍嗣子有所赏赐，他做了一件鼎。下面"犬鱼"两个字，应当是戍嗣子的家族族徽，是一犬一鱼的象形字。这件器物对研究古代的历史、地理，特别是对于研究赏赐制度，都有一定的意义。

下面，我们再举一个例子——四祀邲其卣。它的器形是长颈，鼓腹下垂，圈足，两个犀牛的耳朵，圈足底部上有铭文42字，可以说是商代具有长篇铭文的青铜器中非常重要的一件，这都是安阳殷墟出土的。过去曾经有人认为它是伪器。说这个话是不负责任的。这件器物造型古朴，花纹端庄，色彩也比较正规，锈蚀层次分明，这都可以证明它不是伪器。尤其是锈，都是那种贴骨锈，很坚硬，连一块儿的，做假是做不出来的，抠都抠不下来，很光泽，很光亮，有一种自然的光泽出现。它的铭文也完全是商后期的风格，应当是商纣王时期的一件器物。更重要的是前些年在陕西岐山发现一个遗址叫凤雏遗址，里面出土的甲骨片都属于先周的甲骨——过去很少发现周朝的甲骨文——里面有"文武帝乙"这样的词句，这进一步证明四祀邲其卣是真的，因为它的铭文内容和

135

先周甲骨文词汇都是一致的。

我们把这个 42 字的铭文解释一下："王曰:尊文武帝乙宜,在召大庭,遘乙翌日。丙午,敢。丁未,享。己酉,王在棟邨其赐贝。在四月,唯王四祀翌日。"这些字我们简略地解释一下,"王"就是商王,实际上就是商纣王,帝辛。"王曰"就是商纣王说。"尊文武帝乙","尊"就是尊重,帝乙是商纣王的父亲,"宜"是事情的意思,"文武"是帝乙死后对他的一种尊崇的语言,能文能武,也是一种美称吧。"文武帝乙宜",也就是尊崇文武帝乙的这件事情。什么事情?"遘乙","遘"就是祭祀的一个名称,就是祭祀帝乙。在哪儿祭祀呢? 在召大庭,即"召"这个地方的一个大庭,也就是太室里面的广庭,我领会大概是一个很空旷的场地。干什么? 刚才就说了,"遘乙",祭祀,在召大庭进行祭祀。"翌日"就是第二天,丙午这一天(乙巳的第二天就是丙午),"敢",祭祀完了,《说文解字》云"敢",禁也。就是说到了这一天就停止祭祀了。丁未这一天,"享"就是宴享,王高兴了,就跟他的家属、大臣进行宴享。"己酉"这一天,王就在棟这个地方,"邨其赐贝",就是省了主语了,意即王赐邨其贝,把这个"王"省略了,就变成"邨其赐贝"了。古代的语法跟今天的说话方法是有区别的,这里把宾语当作主语了。王赐邨其贝,"邨其"跟这个"贝"是双宾语。在什么时间呢? 在四月。"唯王四祀","四祀"就是四年的意思。商朝不称年,"祀"就是年。四年四月翌日,也就是己酉的第二天,那就应该是在庚戌。这件器物对于研究商代的祭奠以及地名有很重要的意义。

通过第二个题目,我们就研究发现的概况举了几个国宝级的器物,都有长篇铭文。怎么研究它的历史,怎么研究它的铭文,它有些什么价值,从殷墟青铜器的研究和铭文这方面研究来说,它这几个是最重要的,可以提高我们对殷墟文明的认识、对殷墟青铜器的认识。

三、殷墟青铜器的整体风格与特征

这个时代青铜器究竟有哪些特点？我们可以从宏观的角度概述一下。安阳殷墟是当年商朝的政治、经济、文化中心，它所出土的文物最富有典型性、代表性。但是商朝的范围不是仅仅这么一块，全国范围内都出土商代各类的文物，出土商代的青铜器。北到内蒙古、辽宁，东到海，西到陕甘，南到长江以南等等的广袤地域全都有商朝青铜器的发现。尤其是近年来，古代少数民族的青铜器也不断被发现，其器物既有中原文化的特点，也有他们自己的个性。这些共性、个性，为总体了解商后期青铜器的价值，有很大的意义。

通过全盘考虑，我们可以归纳成如下几小点：首先，商朝后期的青铜器数量多、种类多、形体高大、庄严、制作精良，所以称为鼎盛期；第二点，商代后期青铜器的种类除了继承二里岗期的以外，又出现了一些新品种。比如食器里面出现了盂、豆。酒器在这一时期最为发达，如兕觥，简称觥，是一种盛酒或者饮酒器，这件器物在安阳大司空村出土，现在流散海外，收藏在日本白鹤美术馆。乐器铙，兵器矛、胄等比二里岗期又发达进步了。鼎大多都是柱足，像刚才提到的司母戊鼎、司母辛鼎都是这样。当然也有扁足的。簋则有无耳的、双耳的，还有三耳的，但是三耳极少见。早期的爵都是平底，这时候爵的形制都是凸底，也可以叫圜底。壶都有贯耳。殷商的兵器也很发达，比如说铜钺，它都是一种方形的钺。花纹主要以饕餮纹、夔纹为主，另外还有鸟、蚕、蝉、象和几何形的云雷纹等等，此外还有我们刚才说的牛纹、鹿纹，以及像湖南出土的方鼎上有那种人面纹等等，非常丰富。

铭文一般都是一个字或者是几个字，代表其族徽或者被祭祀的对象，也有像我们刚才举的二三十字，或者四十来字这样的，但都是少数。商代后期青铜器中有长篇铭文的并不多见，加在一起也就二三十件。

　　总的来说，殷墟期反映了青铜文明的高度发达、高度文明、高度发展。

　　以上我们就讲了青铜文明发现、殷墟发掘以及研究的情况，举了若干的例子，对我们进一步了解殷墟的情况、学习青铜器知识提供了一些材料，我想也有一定的意义吧。同时通过这两个小时的简单介绍，可以看到整个殷墟的一些情况，一个侧面。真要研究起来，殷墟的内容是相当丰富的，你可以研究甲骨文，可以研究玉器，可以研究骨器等等。

　　我们相信随着文物考古工作的不断发展，今后殷墟考古工作也会不断深入，无论在发现上还是在研究上，都一定会取得更大的成绩。

袁　靖

动物考古学揭密古代人类与动物的关系

　　袁靖，吉林通化人，1952 年 10 月出生于上海市，1977—1982年于西北大学历史系学习考古，历史学学士；1982—1985 年于中国社会科学院研究生院考古系学习考古，历史学硕士；1989—1993 年于日本千叶大学研究生院自然科学研究科学习动物考古，学术博士。1985 年起任职中国社会科学院考古研究所，现为中国社会科学院考古研究所考古科技中心主任、研究员、博士生导师。兼任国际动物考古学会理事，中国第四纪研究委员会常务理事，北京大学历史地理研究中心、吉林大学边疆考古研究中心、山东大学东方考古学研究中心、西北大学文博学院、中央民族大学民族学与社会学学院等学校的兼职或客座教授。曾任日本国立历史民俗博物馆、法国国立历史自然博物馆、英国 Durham 大学客座教授。

　　研究领域为古代人类与动物的关系、古代人地关系、自然科学相关技术在考古学中的运用。主编或参与主编《胶东半岛贝丘遗址环境考古》等中、日文学术专刊 3 部，发表中文、英文和日文文章 90 余篇。

我于 20 世纪 80 年代末到日本留学,学习的是动物考古学、环境考古学。这是一个国际上流行的方法,当时在中国还没有得到广泛应用。1993 年我拿到博士学位后回国,至今已有 14 年。这 14 年里我一直致力于建设、开拓中国的动物考古学研究,这是一门新兴的学科。14 年对于个人来说,是一个很长的岁月,一个人能有几个 14 年? 但是从学科的建设,从历史的发展来说,又是很短暂的。这就像我们这个地球从形成到现在已经有 46 亿年了,其中,我们人类的出现至今只有 600 万年。有人做过一个很形象的统计,就是把这 46 亿年,浓缩成 1 天就是 24 个小时,600 万年在这 24 个小时里实际上就是最后的 2 分钟,确切地说只有 1.78 分钟。最近我的学生也有这样一个计算,我现在所做的动物考古学研究,实际上研究的就是12 000年以来人类跟动物的关系,这12 000年在这 2 分钟里连半秒钟都不到,很短的一个时间,但是作为具体研究来说却是很丰富的内容。今天我把这 14 年来的一些收获、体会给大家做一个介绍。

　　先介绍一下动物考古学究竟是什么。动物考古学就是通过鉴定、分析考古遗址中出土的动物骨骼去认识古代存在的动物种类、当时的自然环境、古代人类跟动物的各种关系以及古代人类的行为。我今天讲课的内容大概可以分成四个部分,第一是"工欲善其事,必先利其器",讲方法,就是我们怎么去做研究的;第二是"民以食为天",就是我的研究里很重要一部分是跟食物相关的；第三是"国之大事，在祀与戎"，就是动物在国家的大事中间扮演了很重要的角色；第四是"有朋自远方来，不亦乐乎"，就是动物在文化交流中间也有很多作用。

（一）"工欲善其事，必先利其器"

动物考古学属于考古学研究的一个部分，那么考古学的基础理论如历史唯物主义、传播论、进化论等同样可以作为动物考古学的理论基础来指导。同时，动物考古学还有自己的两个比较独特的理论基础，一是均变说，一是埋藏学。均变说是19世纪30年代英国的地质学家赖尔（Charles Lyell）提出来的，它的一个基本说法就是地球的变化是古今一致的，地球过去的变化只能通过现今的侵蚀、沉积和火山作用等物理和化学作用来认识，现在是认识过去的钥匙。比如火山爆发，我们看到了现在的火山爆发，对火山爆发的过程以及留下的各种各样的地质痕迹都有了一个认识。如果我们在1万年以前、2万年以前、3万年以前的地层里面，看到了这样的现象，那么我们可以说这是火山爆发。因为现在的火山爆发时留下了这样的痕迹，如果过去也出现了这样的痕迹的话，反过来也证明了当时发生的火山爆发。简而言之，就是以今证古。在动物考古学里，动物都有一定的生态环境，如鱼离不开水。我们根据现在动物的生存环境就能对过去动物的生存环境有所认识。另外，动物在生长过程中会表现出生理特征，如牙齿到几岁长出来了，鹿到什么时候换角，这是我们通过现在的动物认识的，根据这个我们可以推测过去。我们现在通过有各种各样的分析如稳定同位素分析、DNA的分析等，对现在的人、动物进行分析，用得出来的认识去研究过去的人和动物,这种认识已经被事实证明是科学的了。这是我们的一个理论基础。

还有一个就是埋藏学。埋藏学是1940年前苏联一位科学家提出来的,它是专门研究生物的死亡、破坏、风化、搬运、堆积和掩埋的整个过程,以及生物在这个过程中所受到的各种各样因素影响而发生变化的一门科学。它讲究的是从生物死亡到被我们发现为止,各种各样的因素影响到了它以后的一个变化过程。比如我们把动物屠宰、肢解、储存、煮,吃完之后把它的骨骼废弃掉,有些骨骼会被其他动物啃咬,有些也会作为工具使用,有些也会被人踏过、风化过,土壤里的HP值也会影响骨骼的保存,各种各样的因素都会对骨骼产生影响,那么这是一个埋藏学的过程。另外,我们去考古发掘,不可能把这个地方全部挖出来,只能选择一个部分进行发掘。那么我们所挖掘的位置,它不一定反映了整个处理动物的过程,可能这是一个屠宰动物的地方,可能这是一个吃完动物废弃的地方,可能这是当时作为祭祀埋动物的地方,这些可能都会对你获取信息产生影响,也是我们在考古发现里必须要注意的问题。

在动物发掘过程中我们要采集动物的骨头,这跟考古一样。把采集的各种各样的东西过筛子,进行复选,大的小的都要提取出来,这样我们才能比较全面地去复原当时人食用过的动物,才能把它搞清楚。然后要把挖掘出来的动物粘对起来,清洗干净,注明出土的地方,为以后的分析作准备,这是很重要的。这是什么动物,这是什么动物的什么部位,我们都要做鉴定分析,全部资料输入到数据库里面去。最后就是结合考古学的其他发掘情况,如房子是怎么样的,工具是怎么样的,即发现的各种现象都要和动物骨骼的整理结果结合到一起,来对当时人和动物的关系做一个分析研究。这是动物考古学的一般方法。

今天除了一般的方法以外，我们还要强调一个鉴定家养动物的方法。人和动物相处的历史已有 600 万年了，在很久以前，赤身裸体的人拿着一个简单的工具独自去面对生存在这个地球上的其他的动物，和他们长期相处。当时人就是靠狩猎、捕鱼去获取肉食资源。但是在长期的发展过程中，人终于开窍了。人学会了饲养动物，把野生动物变成家养的动物，这是一个很大的进步，就像现在有电脑一样，是一次革命性的变化。当你能够控制动物，能够养它了，就等于说能够有计划安排自己的生活，去安排自己的食物，去开发自己的功能，保证有肉吃了，而且有了稳定的来源。后来人发现动物除了吃还可以用来祭祀，可以骑着马打仗，可以让牛拉车，可以把它作为一种文化交流的工具，就会发生各种各样的作用。但是这一系列的变化，首先是必须建立在人能够饲养动物、控制动物上，这就要涉及一个很重要的方法，怎么区分家养动物和野生动物？对于我们动物考古学来说，这是很重要的问题。我们有一系列方法，下面做一个简单的介绍。

首先，测量。通过测量来判断是家养的动物还是野生的，这是一个最基本的方法。动物长期被人饲养以后，形体发生了变化，它会变小，动物越吃越小，人是越长越大。我们在动物考古学会上经常讨论的就是方法，我们有一系列测量的方法，这些测量方法有国际统一的标准，这样才可以做世界性的比较研究。我们的测量方法是跟世界接轨的，通过结构比较、特点分析及一系列数据研究所得出的结论，能够取得世界的认可。

其次，观察。野猪跟家猪的下颌，一个宽一个窄，很明显就能区别出来。还有一个典型的特征就是牙齿的排列，一个很整齐，一个很扭曲。这个现象是怎么产生的呢？动物在饲养的过程中,被人控制住了。野猪本来是随意自由奔跑,随便找东西吃,如果鼻子长,找食物和拱食物都很方便。但是家猪被人饲养后就被控制住了,不可以随意跑,不必用鼻子拱食吃,在它的野性受到很大的控制的情况下,它的形体就变化了,弱化了,变小了。但这种变小的过程又不是同步统一的。牙齿是保留遗传特征最稳定的地方,齿槽先变小,牙齿还没变小,在变小的齿槽里把牙齿都长出来的话,只能扭曲,所以牙齿扭曲是我们区分家养动物和野生动物的一个重要证据。

第三,定量分析。定量分析分为可鉴定标本数、最小个体数两种方法。这是做统计分析,运用它可以知道我们发现了多少动物。如果在考古遗址里,发现了 3 块猪的左肩胛骨,发现了 4 块左肱骨,发现了 2 块左盆骨,发现了 1 块左胫骨,那么我们就有两种统计方法。第一种统计方法,我们可以说发现了 10 块猪的骨头,这 10 块猪的骨头是不是代表了 10 头猪呢? 这是一个问题,有可能是 10 头猪,1 头猪发现了 1 块骨头,但是这个概率很低,不可能每 1 头猪只让你发现 1 块骨头。第二种统计方法,至少有 4 头猪存在,这是没有问题的。因为我们发现了 4 块左边的肱骨,每头猪只会有 1 块肱骨。我们在考古遗址里发现的所有动物都用这种方法统计。如果我们在一个考古遗址从上挖到下,实际上最早是下面的,最晚是上面的,在下边发现了这样一个动物种群:有 3 头猪,大批都是鹿,还有狗,越往上层狗的数量越多,鹿的数量减少,猪的数量在增多。一种动物从早到晚在不断地慢慢增多。这也是我们判断当时可能存在家养动物的一个证据,因为人能够控制,人能够养它,有办法让它越长越多,但野生动物往往是越打越少,甚至都灭绝了,这是一个统计方法。

第四,依据年龄来判断。我们遵循国际上统一的判断年龄的标准,根据牙齿的磨蚀程度及生长规律来认识动物的年龄。家猪的模式就是这样的:半岁长出第一颗牙,一岁半长出第二颗牙,两岁半长出第三颗牙。如果我们发现年龄都集中在某一个年龄段里边,我们认为这可能跟家养有关系,因为狩猎有随机性,不可能每次出去打的都是一岁半的猪。而家养的肯定会集中在某一个年龄段里,这也是我们判定家养猪的一个标准。

第五,随葬品。考古遗址出土还有一种特殊现象,人们就发现一头猪,作为随葬品在人的墓里。这也是我们判定家养动物的一个标准。在中国新石器时代的考古遗址里,我们发现的绝大多数都是猪和狗,都是家养动物,人不会随便拿一个东西放在那,都是很有规律的。这些现象的出现也是我们认为当时可能存在家养动物的一个根据。

第六,处在更新世。就是我们中国1万年以前没有这种动物,现在这种动物突然出现了,而且这种动物在西亚或者其他地方很早就变成家养动物,那么我们认为这也跟家养有关系,它是作为文化交流的工具被带过来的,不可能牵了个野生动物过来,这也是我们的一个标准。

第七,同位素分析。碳13是人吃了植物性食物以后在体内留下的稳定同位素,氮15是人吃了动物性食物以后在体内留下的稳定同位素。我们以猪为例通过比值来分析。汉代有个陶器模型,上面是厕所,下面是猪圈。猪是什么东西都吃,人吃剩的残羹剩饭也给猪吃。在理论上,通过稳定同位素分析,家猪的吃性应该是跟人相似的。日本学者通过同位素分析,认为弥生时代的猪是从中国传过去的。我们中国也可以做这样的研究,可以自豪地说,我们现在有国际上最先进的方法,如 DNA 分析、食性分析等。碳13 主要表现的是植物性食物,植物性食物因光合作用的不同分成了 C3、C4 两组,水稻属于 C3,小米属于 C4,它们的比值不一样。同样一个遗址里发现的猪骨和人骨,他们都集中在 C4,都吃小米,那么这猪属于家猪,而野猪吃的是 C3,因为自然植被中间 C3 占了很大的比例。通过这种食性分析方法我们也能够做判断。我们要强调的一点就是,在研究起源的阶段,一个动物从野生驯化为家养动物,是需要一定的时间的,形体的演变是一个过程,饲养的数量也是很随性的,年龄上也有可能是混杂的,吃的东西也有其不确定性。所以,要将各种方法结合起来综合判断,深入分析,才能得出相对科学的结论。我们要建立系统的资料采集、统计分析手段,制定一系列相互关联的判断标准,推动与自然科学相关学科的结合,用科学的方法来开展动物考古学的研究,这就是我们所说的"工欲善其事,必先利其器"。

(二)民以食为天

在仙人洞遗址里,我们通过显微镜观察发现有水稻的植硅石,没有发现实体,发现了陶器。这说明当时有栽培作物了,有陶器了,但是没有家养动物,动物都是野生的。而在玉蟾岩遗址我们发现了水稻的实体,也发现了陶器,但是全部的动物都是野生的。这两个遗址都属于南方的遗址。在北方的遗址中,由于北方没有水稻,我们用植硅石的方法没有做出来。农作物情况我们不知道,但是陶器已经有了,动物也是野生的。由此可知,中国古代陶器和栽培作物出现的时间都可以追溯到距今 10000 年以前,最早 12000 年以前都有了,但是我们没有任何证据可以证明当时已经存在家养动物。这是我们中国的一个特点。

再以世界上的两河流域为例进行说明。两河流域作为整个世界文明的摇篮,先有农业小麦,再有家养动物,然后有陶器,这就是西亚模式。日本是先有陶器,然后有家养动物,再有栽培水稻,那是中国传过去的东西,跟中国也不一样。我们有自己的发展模式、发展过程。

我们家养动物是从什么时候开始的?我们在贾湖遗址的墓葬区发现了 11 只狗,各种各样的姿势,而且我们测量它们的尺寸已经和狼不一样,比狼明显小了,所以我们说距今9000 年以前在淮河上游已经有家养的狗了。我们在内蒙古的赤峰地区发掘了一个兴隆洼遗址,它的建筑群很规矩,都是方形的,排列整齐,发现了人和两头猪埋在一起,上面那头大,下面那头小,一个公的,一个母的,四肢都是蜷曲起来的,我们认为这些猪当时是被绑起来和人埋在一起的。在这里还发现了一堆猪头,这是很特殊的现象。这个遗址里面发现马、鹿、狍子等十几种动物,而且数量都比较多。而人偏偏就选定猪作为陪伴的东西或者是作为祭祀的物品,每个猪头上都打一个洞,打击的痕迹都在。如果猪活的时候敲一个洞那会慢慢愈合,不可能会有痕迹留下,这是死了以后敲出来的,就是说已经对它们进行了很特殊的处理。我们认为这可能跟饲养有关系。同时,我们还测量了猪的第三臼齿,在国际上,40 毫米以下可能就和家养有关系,野生的都大于 40 毫米,这也是我们的判定标准,我们发现臼齿有小的。还有一个旁证就是农业,我们在那个地方发现了粟、黍,农业也有了。所以很可能就是在那个时候,猪已经作为一种家养的动物被处理了。

我们在河北武安磁山遗址发现了完整的猪骨架,很遗憾的是它的发掘工作是在上个世纪 70 年代进行的,所有的材料都没有保存下来,我们现在无法再去做测量和分析,只能按照 2002 年在英国《Antiquity》杂志上讲的有关中国最早的猪的报告。我当时发现的最早的材料就是这个材料,国际上当时的认识就是中国最早的猪是 8000 年以前的,这与我们的认识是一致的。在河北武安磁山遗址里发现的猪骨架,有的是放一个,有的是放两个,都是很完整的猪骨架,摆放得很整齐,当时应该是连肉一起放在那儿的,所以它的猪骨架能够完整,而且猪骨架上面有小米,已经全部碳化了。考古发掘的时候先挖了个坑,发现了小米,把小米全部拿完以后发现底下是一个猪骨架。我们首先就排除了这是储藏,因为如果是储藏的话把肉上放米,肉是会烂掉的,不能吃了。所以这肯定是跟祭祀有关系,这是第一个证据。第二证据是发现它们的年龄集中在 1 岁到 2 岁。另外就是测量尺寸,尺寸综合起来看接近家猪的标准,当时这个地方很可能已经出现了家养动物。

长江三角洲的浙江萧山跨湖桥遗址的发掘现场当时是砖厂,用土作砖,把整个遗址都挖开挖完了,现在是抢救性的发掘,但是具有重大意义。我们发现了一条独木舟,这是中国最早的独木舟。我们对动物骨骼进行整理,发现了牙齿扭曲的现象从早到晚都存在。另外,测量发现,这个遗址里的牙齿平均都在 40 毫米以下,而且在早期还有几个大于 40 毫米的,但是到后面都变小了。所以我们可以说,从 8200 年至7000 年以前的浙江萧山跨湖桥遗址出现的猪的牙齿形态看,猪家畜化的历史还可以向前追溯。因为我们发现了此例扭曲的现象,这个现象不可能是一朝一夕形成的,它肯定有一个长期的饲养过程。这三个遗址都发现了家养的猪。从我们考古学研究的器物——陶器、石器、房子的形状、墓葬的形状等其他角度来讲,这三个遗址之间没有关系,没有互相交流的现象,由此可知,这些家猪饲养的出现是独立完成的,独立存在的。英国的学者对全世界各个洲 600 多头现代的猪都做了 DNA 研究,得出一个结论:世界上的家猪起源是多元的,东亚地区至少存在一个家猪的起源。我们的研究首先证明了我国的猪出现很早,8000 多年前就有家猪的起源,这个认识跟英国学者的认识是相符的,但是我们还有一点,就是即便在我们中国家猪也不止有一个起源地。南方地区我们现在还没有做工作,还需要去探讨。

　　总结起来,就是距今 8200 年至 8000 年前左右,我们在内蒙古、华北和长江三角洲这些地方都发现饲养家猪的证据,而且它们之间是没有文化交流的现象,就是说它们的行为都是独立发生的。其中长江三角洲地区饲养家猪的时间还可以往前追溯。世界上最早的家猪是出现于 9000 年前的西亚地区。我们现在正在努力研究,不能说我们将来的观点可以改变历史,但是至少中国存在 8200 年以前的家猪,而且家猪起源的历史还可以向前追溯,这是一个非常令人振奋的信息。

　　关于羊的认识。我们现在在中国找到最早的绵羊,就是公元前 3000 多年,也就是距今 5000 多年。它是在甘肃地区发现的,一处遗址是把绵羊的下颌埋到墓葬里去,一处遗址是把一头绵羊埋在墓里。但是在公元前 5000 年至 4000 年,绵羊的骨骼就很普遍地出现在这些地方了。发现有的绵羊被埋在墓里,这跟祭祀有关。我们还进行大量的测量,得到的数据跟家养的绵羊数据都很接近。绵羊的数量也随着时间不断在增加。上述内容可以说明,距今 5000 年前,在黄河上游地区就发现了家养绵羊的证据,到了距今 4000 年前以后在黄河流域的中游地区发现家养绵羊比较普遍,这是我们对绵羊的一个认识。

　　我们发现,公元前 10000 年至 7500 年前就有牛,随着发现遗址数量的增多,牛的数量也增多,而且在河南地区、甘肃地区我们都发现了被完整埋葬的距今5000年到4000年前这段时间的牛,这是以前没有发现的。我们发现测量的数据跟家养的牛很接近。这就是发现了距今4000年以前在整个黄河流域都有家养黄牛的证据,长江流域没有发现。

然后是马。我们将黄河上游、中下游这两个地区进行了比较,很遗憾的是,没有实际的材料可考,看到的都是文字,骨头都找不到了,所以不可能再做重复的研究了。根据文字的报道,我们发现在黄河中下游地区有很多问题都说不清楚。而黄河上游,有确切的照片,记录了3个马的下颌,所以说在这个时期这个地区很可能有家养的马,但是我们不可能去做重复研究,不可能去测量,不可能去核实,只能根据文字来推测,这就成了我们中华文明探源研究的一个重点。

在商代晚期到西周早期的几个遗址里面,发现了18辆马车,拉车的马加起来有30匹以上。在大墓里也发现了马坑,还有人跟马埋在一起。陕西的遗址中,也发现了马和人埋在一起的现象。山东的遗址里也发现了5辆马车,11匹以上的马。

甲骨文中也有关于马的记载"王畜马于兹牢",就是王在兹牢这个地方养马。把甲骨文整个查找一遍,没有一条记载是讲到王畜牛、王畜猪、王畜鸡、王畜狗、王畜羊,只有"王畜马于兹牢"这么一条非常珍贵的记载。我们想王肯定不会亲自去养马,但是这个记载是很有象征意义的,说明这个动物重要,又能骑又能跑又能拉车。还发现了马镳,勒在马的嘴里,驾驭的时候,让它朝左拐就用左手拉;让它朝右拐就用右手拉;要它停下来就用两手拉,相当先进的马镳。世界上最早的马是在乌克兰地区5000多年以前出现的。我们根据目前的资料可以推测,黄河下游地区最早的家马出现的时间是距今3300年。

最难讲的就是鸡。冯石先生认为甲骨文里就有"鸡"字了，而且"仪器"的"仪"就是人们拿着鸡去祭祀的意思。我从动物骨骼上无法证明它的正确性。在公元前 141 年，即距今 2140 多年的阳陵，我们在随葬坑发现了大量的鸡。我们保守一点，根据目前所存的这些实物资料也可以认为，黄河中游地区至少在汉代肯定有家鸡了，这没问题。而且家鸡的出现肯定可以再往前推。

概括起来说，距今 9000 年以前在淮河上游地区发现家养的狗；距今 8200 年以前在西辽河下游地区、华北地区和长江三角洲地区发现家养的猪；距今 5000 年以前在黄河流域的上游地区发现家养的绵羊；距今 4000 年以前在黄河流域的上、中、下游都发现家养的黄牛；距今 3300 年以前在黄河下游地区发现家养的马；距今 2141 年前在黄河中游地区发现家养的鸡。时间不一样，地点不一样。

我们中国家畜的起源有两种形式。一种形式就是人们在跟野生动物长期相处过程中，根据自己的需要控制它们，把它们变成家畜了，这是以猪为代表的。还有一个通过交流，从其他的地方，直接引入那些已经成为家畜的动物，这个以马为代表，我们认为用马来说是最有说服力的。就是说你一直没有，一直没发现，但是突然就大量的出现，肯定是文化交流的关系了。因为有人做过马车的研究，认为马车是从西亚引过来的，不是我们自己发明的，马是可以作为文化交流的动物来认识的。

民以食为天，各个地区所食动物的情况也是不一样的。黄河中上游地区所食的野生动物比例越来越小了，家养动物比例越来越大了。而黄、淮地区在 7000 年以前家养动物的比例还很少，到了 5000 年以前多起来了。黄河下游地区也是这样的变化规律，但是其家养动物也就是 50% 多一点。长江流域在新石器时代,家养动物的比例一直是低于野生动物的。

《周礼·职方氏》:"东南曰扬州……其畜宜鸟兽,其谷宜稻;正南曰荆州……其畜宜鸟兽,其谷宜稻;河南曰豫州……其畜宜六扰;正东曰青州……其畜易鸡狗,其谷易稻麦;河东曰兖州……其畜宜六扰,其谷宜四种;正西曰雍州……其畜宜牛马,其谷宜黍稷;东北曰幽州……其畜宜四扰,其谷宜三种;河内曰冀州……其畜宜牛羊,其谷宜黍稷;正北曰并州……其畜宜五扰,其谷宜五种。"荆州、扬州同属长江流域,"其畜宜鸟兽,其谷宜稻",就是说它的农作物只有一种,但没有家养动物,其他的七个州家养动物就很丰富。《周礼》的年代已经是比较晚了,但是它对当时的经济状况的记载跟我们新石器时代发现的家养动物和野生动物的比例基本是吻合的。

人获取肉食资源有两种方式,一种是狩猎的方式,一种是家养的方式。起初肯定是狩猎的方式,很长的时间段里面,人就依赖自己驻地的野生资源,吃什么就捕什么,用这种方法去获得食物,我们称它为依赖型,就是依赖周围的自然资源。经过长期与动物的相处,人们发现可以饲养它们,让它们自己繁殖,可以用这种稳定的方式获取肉食资源。我们经过统计得知,此时人们的食物主要还是野生动物,只有一部分是家养动物。这过程就是开发,人开发自己的生存能力,开发自己的生活能力,但是开发的程度还是很低的,我们称它为初级开发型。后来人把主要精力投入到饲养动物上,通过饲养动物获取肉食资源,野生动物偶尔打几只,主要是靠家养的方式获取肉食资源的,我们称它为开发型。那么,从依赖型到初级开发型再到开发型,这个过程从时间上看是连续的,没有颠倒,从最早不会养动物到会养动物到主要靠养动物来获取肉食资源,这是一个过程。

长江流域的家猪出现了，但是数量没有很大的增加，没有得到发展。我们在考古遗址里发现大量的动物是野生的，这就说明长江流域有很好的野生资源可以获取，就没有必要去开发它，由此可见人饲养动物、开发这种获取肉食资源的行为是跟周围自然资源紧密相连的。有一种被动的发展，我们称它为被动发展论，也就是说人是被逼着往前走的，但凡他能够过得很舒服，他绝对不会去付出努力。养一头猪就得养半年，还得管理它，但是狩猎很简单，出去"嘭"一下就打死一个马鹿或者是麋鹿，体型比猪大，打死它可以吃很长时间，花半天的时间就可以完成这个工作，这种发展过程总是被动的。这是新石器时代人类获取肉食资源的一个规律性的行为。这是我们讲的"民以食为天"。

（三）"国之大事，在祀与戎"

我们发现最早用于祭祀、随葬的是狗。但是，它不是遍及全国的，用狗的就集中在黄河下游和淮河流域。在中国各个地区新石器时代从早期到末期的祭祀或随葬活动中，使用最多的动物是猪，比狗的范围更广，山东大汶口遗址里放的是猪头，甘肃遗址里放的是猪的下颌、獠牙。还有完整的猪被埋的现象，在山东、甘肃、山西、河南、安徽、陕西等考古遗址里面都有发现。在距今4000年前龙山时代才发现了用牛祭祀。有文献记载还有用一头怀孕的母牛来祭祀的。这个时期也发现了用羊祭祀。在山东的一处考古遗址中还发现了特殊现象，用鹿科动物獐来祭祀。还有用乌龟、鱼来祭祀的。

到了距今4000年以后，我们发现牛和羊用于祭祀，这两种动物比猪重要，发挥的作用越来越大。在偃师商城遗址的祭祀沟里，我们发现各种各样姿势的猪，头都昂起来，数量有300头。这么多头猪在一个遗址中发现实属罕见，在欧洲、美国、西亚等地是没有的。现在我们有一个很大的计划，就是分析距今3600年以前一个地区的猪DNA。在这个遗址里，我们发现了很多磨蚀很严重的猪，证明养的时间很长了。这种死亡年龄都是在4岁以上的猪、相当年龄的猪。新石器时代养猪是为了吃，养到一两岁就要把它杀了吃掉。但是我们发现在这个地方的猪养了那么长的时间，为什么？这是一个问题。除了猪以外，我们还发现了一堆一堆的骨头，就在这个祭祀沟里，经鉴定是猪、牛、羊三种动物。李学勤先生认为这种现象是甲骨文中所讲的"太牢"。汉代的郑玄注释"太牢"就是猪牛羊的一种组合，"少牢"是猪和羊，这是祭祀的一种组合。姚孝遂先生认为，"牢"是专门饲养祭祀用的地方，"太牢"就是饲养的时间相当长，养的时间长了，动物很大的叫太牢。"少牢"，养的时间短，这个动物很小叫"少牢"。如果姚孝遂先生的解释成立，那么我们发现了那么多4岁以上的猪，应该就是太牢。我们又发现了很多乳猪，养的时间很短，就应该是少牢了。那么怎么解释猪牛羊的组合呢？这又是个问题了。所以说怎么样把古代的文献跟我们动物考古发现的实际的情况结合起来做研究，还需要我们进一步地探索。

我们发现商代早期的祭祀还是以猪为主，还保留新石器时代的习惯。商代中期的牛比较多，商代晚期的殷墟遗址的发现更为丰富，除了猪、牛之外，还有很多绵羊、马、象等。随着时间的发展，慢慢的牛和羊成了主要的动物，然后马又成了最主要的动物了，马当时埋在王陵里，除了王陵其他的贵族墓里面没有发现过马。这些动物在祭祀中间都成为等级的象征了，什么级别用什么东西，什么祭祀的仪式用什么东西,都有讲究。商代晚期出现了车马坑,把大量的人杀死以后埋葬,这是王一级才可以使用的祭祀的规格,动物在等级制度的形成中也发挥了很重要的作用。

另外,原来文献中没有记载,我们现在通过实物考古发现了一些祭祀的习惯。第一,商周时期有把猪和羊、牛和羊、猪的左前肢或者右前肢完整地放入墓里作为随葬品的习惯。第二,墓葬里如果放两个动物的前肢,牛放的是左前肢,那么羊肯定也是左边的,绝对不会这个放左边的,那个放右边的。左右分得非常清楚,而且不重复,放三条腿的话必定是猪牛羊,放两条腿的话,牛和猪、牛和羊。一条腿就随便了。为什么放前腿?《礼记》有记载:"骨有贵贱,殷人贵髀,周人贵肩,凡前贵于后。"髀是大腿、后腿的意思,可能《礼记》认为殷人以后腿为贵,周人以前腿为贵,但是我们现在考古发现的商代墓葬里出来的都是前腿,所以前腿是重要的。在周和商时期都是同样的。

为什么用动物祭祀,用这种而不是那种动物祭祀?目前学者的解释各有不同。考古学跟基于文献研究的历史学不同,它是用实物做研究的,实物与文献结合起来。但在新石器时代没有文字可考,只能根据实物去推测。有人说用动物祭祀是辟邪说,猪的犬齿很厉害,恶魔见到都会害怕的。有人支持财富说,墓葬里面放这个东西就说明他有钱、有财产,跟权力有关系。但是这些说法是有问题的,有的墓葬放半扇猪,没放头,就没有它的犬齿,避邪说就解释不通了。有的墓比放猪的墓还大,可墓里没有发现猪,随葬的东西也没有比放猪的那个墓多,可见大墓也不一定就有更多的财物,于是财富说也解释不了。还有一种说法是我的学生提出的"肉食说",说随葬是给人死了以后吃的,在祭祀时候用动物是为了跟人、跟祖先、跟神做沟通用的,献上肉食,让神和祖先享用

讲座丛书

这些肉食,赐人以富,帮人除灾。《说文》里面就提到了祭祀,祭祀这个词是从示,以手持肉,就是祭祀的时候是拿着肉。究竟哪种说法正确,现在还没有定论。

我们再简单讲一下跟打仗、战车有关系的事。我们对距今3300年以前的安阳殷墟、距今3000年以前的陕西周公庙遗址、2000多年以前的河南洛阳车马坑里所发现的骨骼都测量了,它们的肩胛骨、肱骨、耻骨、桡骨、掌骨、趾骨、股骨、胫骨测量数值基本上差不多,就说都是同一个种的。像咱们的普氏野马,是一种比较矮小的马,中国真正的大马是在汉武帝通西域后才有的。秦始皇兵马俑里面有拉车的四匹马,有带马鞍子的战马。我对秦始皇兵马俑研究发现,鞍马是带睾丸的,就是雄性的马,拉车的马是没有睾丸的,阉割了。秦国骑兵的马跟拉车的马是两种,阉割的跟没有阉割的,这个区别很明显。但没有历史记载为什么要阉割和为什么不阉割,据文献记载,有一次十字军东征打了败仗,是因为十字军骑的都是公马,对方的是母马,公马看到母马就要发情了,就不听指挥,队形就乱了,结果溃不成军。如果这种说法成立的话,那么,3300年以前,我们的祖先就会阉割动物了;那么如果不成立的话,至少能够肯定在秦代,也就是公元前221年,我们的祖先就已经掌握了这个阉割的技术,而且也得到了很好的运用。

(四)"有朋自远方来,不亦乐乎"

人们在修高速公路的时候,发现了在平陵边上的一条祭祀沟,祭祀沟里发现了54个洞,每个洞里都放了一个大的动物。洞是前面高后面低,他们推测当时就是把动物杀死以后摆得很整齐,放在一个板上,把板搭在洞口,然后举起板的后面,动物就滑进去了。有人鉴定放的动物有牛(没角的牛)、骆驼、马等。但是我就觉得不是马而是驴,对它的下颌研究后发现,有6个牙齿,就大小而言更接近驴,即使是小马,但马的牙齿是U字型的,而这个属于V字型的,与驴的牙型相同。其次马有马刺,而这个没有,所以说是驴。驴,有非洲野驴、亚洲野驴两种。但是按照现在的研究,全世界一致认为,所有家养的驴都是出自非洲野驴。而骆驼有双峰驼、单峰驼,单峰驼是在阿拉伯地区的,双峰驼是阿尔泰山地区的,至少都不是陕西的。那么我们可以得出这样的结论,最晚到公元前74年,作为家养动物的骆驼和驴作为文化使者已经传到陕西地区。

日本学者推测中国的狗就是日本狗的祖先。我们从形态学无法进行研究,但是我们可以进行DNA研究,如内蒙古大甸子、安阳殷墟这两个遗址。日本把他们各种各样的狗的DNA研究做完了,分出了28个类型,类型之间做碱基对排列,差别大就说明亲缘关系离得远,差别小就离得近。大甸子的和殷墟的狗做出来的结果放到里面去看,就发现至少有一个新的类型在日本没有,而日本的类型中国都有。我们用一个完全现代的科学技术证明了一个古代的历史,中国的狗传到了日本。这项工作推动了中国DNA的研究。我们跟中国科学院昆明动物研究所、中国农业大学国家重点实验室、吉林大学联合起来做DNA研究,发现这是一个大有可为的领域,我们将把古代动物的DNA谱系做出来,向世界展示这些独特的中国文化。

这就是我今天要讲的内容,希望大家听得满意,谢谢大家!

刘秀荣

京剧旦行艺术的传承与发展

刘秀荣,全国政协委员;国家级非物质文化遗产(京剧)代表性传承人;中国京剧院国家一级演员、艺术指导委员会顾问;享受国家有突出贡献专家特殊津贴;中国戏曲学校客座教授;中国京剧优秀青年演员研究生导师。

1947年始在四维戏校学艺。1949年转入中国戏曲学校(现中国戏曲学院)进修,1956年毕业,为该校首届毕业生中的佼佼者。师承:京剧一代宗师王瑶卿先生晚年得力弟子。同时受业于戏剧大师梅兰芳、尚小云、荀慧生、萧长华等老前辈。

1952年参加第一届全国戏曲观摩演出大会,首演田汉先生《白蛇传》,成功塑造白娘子艺术形象,获演员奖。1959年参加第七届世界青年联欢节文艺比赛,主演京剧《春郊试马》,荣获国际金质奖章。

1960年当选为北京市劳动模范,出席全国群英大会。1962年主演《穆桂英大战洪州》,并由香港繁华影业公司和北京电影制片厂联合拍摄成彩色电影艺术片,在国内外放映,深受欢迎和好评。1980年参加文化部文艺评比会,主演新编《十三妹》,获表演一等奖。

自1953年始先后20余次出国访问、演出,历任领衔主演、艺术指导、团长、艺术总监等职。

1996年任讲师团团长赴我国台湾讲学、授课、传艺。

谈到京剧旦行的传承与发展,以及流派的形成,我认为我们不能忽略,也不能忘掉一位对京剧艺术,特别是对我们旦行艺术,做出了卓越贡献的京剧艺术老前辈、老艺术家;他是京剧发展的历史长河中,划时代的、里程碑式的人物,他就是我的老恩师,我们文艺界都尊称之为"通天教主"的王瑶卿老先生。由于我的老恩师脱离舞台比较早,他40多岁就从前台转入到了幕后,把他老人家的全部精力都投入到了培养戏剧人才的工作中,为他人作嫁衣,甘为人梯,所以,知道老恩师名字的人是越来越少了。

我过去到国外演出的时候,一些华侨还有外国朋友,就都问我是谁的学生,我当时回答,我的老师是王瑶卿先生。可是他们非常不理解,就耸耸肩,有的人就"NO","不知道,不认识……"我当时觉得心里很不是滋味。后来我就想,我得想一个办法让他们明白,我就说:"梅兰芳先生知道吗?王瑶卿先生是梅兰芳先生的老师。"就这样一些外国朋友,包括一些华侨,听说王瑶卿先生是梅兰芳的老师,就觉得了不起。所以外国朋友知道梅兰芳,但是不知道王瑶卿。这也难怪,多年来对老恩师的宣传、介绍确实是很不够,我们现在的观众,甚至一些青年演员,也不知道王瑶卿先生,我觉得这是一个数典忘祖的事情。当然了,对京剧有研究的,像在座的诸位,我想你们可能都知道我老恩师的情况。

我记得在50年代初,当时中央首长为了缓解他们工作中的紧张,经常举办舞会。那时候我因为还是中国戏曲学校的学生,也有机会到怀仁堂陪着首长跳舞。在跳舞当中,基本上都是慢四步,有的时候用舞曲,有的时候就是用京剧的唱段。我记得我就是扮上《霸王别姬》这样的角色,彩唱。在跳舞当中,毛主席曾问,你叫什么呀? 今年多大了? 你是哪儿的学生,你的老师是谁呀? 我都一一地作答。当毛主席问我的老师是谁时,我说我的老师是王瑶卿先生。当时毛主席说,"那你的辈分不小呀!"可见毛主席对我的恩师王瑶卿先生还是很熟悉的,毛主席对我们京剧还是非常了解的,而且自己也会唱京剧。

我为什么说这段呢? 我觉得这些年来,随着时间的推移,人们逐渐把我的老恩师给淡忘了。我们圈内的人,包括一些票友、戏曲界的朋友们也知道我是王瑶卿先生最小的一个徒弟,是他的关门弟子,可是知道的人毕竟是少数,因此我常想,只要有机会,有条件,我一定要宣传、介绍我的老恩师,要讲一讲他对京剧事业,特别是对旦行艺术作出的贡献。我也总想谈一谈老恩师创立的王派艺术。

我的恩师王瑶卿先生祖籍江苏清江,1881 年 9 月 29 日,也就是清光绪七年八月初七生于北京,1954 年 6 月 3 日辞世,享年 73 岁,今年是他老人家的 126 年诞辰。我的老恩师从 14 岁开始舞台生活,到 73 岁辞世,从事戏曲工作特别是教育工作整整 60 年。在老恩师 44 岁的时候,他的嗓子"塌中"。我们戏班里叫的"塌中",就是变声,就是"倒仓"了,所以他就不怎么经常演出了,几乎就谢绝了上舞台。在 1930 年 1 月,老人家在天津新兴大戏院演出了三场《雁门关》,演的是萧太后,从此就彻底脱离了舞台。

从那时候起一直到 1954 年 8 月,他卧病的前一天,几十年间,他都是在不断地从事戏曲教育和戏曲研究工作,创造了很多具有王派艺术特色的剧目，培养了很多的戏曲接班人、戏曲演员，为培养戏曲人才做了大量的工作。我的老恩师对京剧艺术，特别是对京剧旦行，所做的贡献是最大的，可以说是一代宗师，是个革新家。

他的第一大贡献，是开创了与老生分庭抗礼，以旦角挑班儿挂头牌的局面。在他之前，从"十三绝"到我师爷陈德霖先生，我们旦行始终是给老生挎刀做配角儿，就是现在一般主演或主要配演，不是领衔主演，基本就是陪着老生唱戏，不管你有多大的本事，也只能是给老生挂二牌。但是从王瑶卿先生开始，旦角在舞台上挂头牌，唱大轴，挑大梁，这是一个伟大的创举。

他的第二大贡献，就是在舞台上称得起自行旗帜、独立门户，形成了独树一帜的"王派"艺术，旦角形成派，应该说是我的老恩师开创了历史先河。当年他和谭鑫培老先生一起被誉为一生一旦两位革新家，开创了当年的"无生不谭，无旦不王"的鼎盛局面，传为佳话。这就是说，旦角创流派我老恩师是第一人，老恩师开创的王派艺术，是我们京剧艺术和京剧旦行的一个基本流派。

老人家的第三大贡献就是开创了旦行一个新行当，这就是"花衫"行当，这完全是一个新的行当。在老恩师之前，我们的旦角分工特别严格，青衣就是专重唱功，不讲究表演，只是捂着肚子苦唱。那时候，青衣比如王宝钏，穿一个青衣的褶子，捂着肚子傻唱。所有的表演、身段都没有，就是不注重表演。花旦，注重表演，而少唱腔，很少唱。武旦是只有武，没有文。当时青衣、花旦、刀马旦不能够兼演，这种旧的规矩谁也不敢破，但是我的老恩师他以勇敢、热情、自信的精神，创造了集唱念做打于一体，熔青衣、花旦、刀马旦于一炉的新行当，这个行当就是"花衫"行当，这是一个非常了不起的创

163

举。现在有的人可能觉得这算不了什么，但是在那个时代，我的老恩师确实是顶着冷嘲热讽、讥骂在进行改革，甚至有人指责他是欺师灭祖，是大不敬的行为。但非常勇敢地、顽强地顶住了这些谩骂、讽刺，顽强地坚持住了，而且最后成功了。从此"花衫"这一新的行当以崭新的面貌呈现在京剧的舞台上。

随着这一新的行当的出现，王瑶卿先生创造、编演了一大批新的剧目，像《十三妹》等新剧目。我在老恩师身边学艺的四年中，老人家几乎把所有的戏都教给我了，如《十三妹》、《棋盘山》、《珍珠烈火旗》（《双阳公主》），还有《穆桂英》，这个戏后来恩师也教给梅兰芳先生了，还有《貂蝉》，这都是老恩师教给我的。另外还有《孔雀东南飞》、《王宝钏》、《虹霓关》、《破洪州》。这一大批戏都是别具风格、焕然一新的优秀剧目，得到了当时内外行的认可，也受到了广大观众的欢迎，同时也为后人特别是为我们旦行留下了丰富、宝贵的艺术遗产，这确实是一个非常大的贡献。老恩师不仅在一定的时期内完成了自身的艺术实践和创作，给后人留下了很多可以示范的经典，同时在剧本、表演、导演、唱腔、服装，包括扮相等各个方面，都进行了大胆的创新和创作，老恩师是一位集演员、导演、编剧于一身，全才的、杰出的戏曲艺术宗师。

王瑶卿先生最大的贡献也是老人家一生最大的功绩，就是被大家一致公认是一位卓越的戏曲教育家。老人家无私地把自己创造的、苦心钻研的王派艺术毫无保留地、热心地传授给一代又一代学生，为京剧事业做出了很大的贡献，而且培育出了一代又一代新人。王派艺术就像一棵参天大树，后来我们旦角各个流派都是老恩师这棵参天大树繁殖出来的树干，可以说是根深叶茂，层出不穷。最具代表性的当属恩师调教出的梅、尚、程、荀四大名旦。四大名旦的流派都是在老人家的亲自调教下产生出来的。

第一位四大名旦,当属梅兰芳先生。梅兰芳先生师承很多,曾拜陈德霖老夫子为师,但是他最主要也是最关键的是得益于王瑶卿先生。老恩师把王派艺术、王派的代表剧目全传给了梅兰芳先生。应该说梅先生的成名、梅派艺术的形成,与老恩师的热情、真挚的帮助是分不开的。

有一个非常动人的实际例子可以证明:大家都知道,从前我们作为一个演员,特别是京剧演员,要想成名当好角儿、成好角儿,一靠带,二靠捧。带,就是要请一位有声望的前辈携带;捧呢,就是要请有身份、有地位的人捧场。关键还是带。梅先生刚刚出道的时候,我的老恩师就请他的弟弟王凤卿先生(我们那时候都管凤卿先生叫凤二爷)带着梅先生。当时梅先生就给王凤卿先生挎刀,就是陪着王凤卿唱戏。这位王凤卿先生可能大家现在觉得很陌生,其实这是当红极一时的非常有影响的一位老艺术家,他的嗓子高亢洪亮,专唱"三斩一碰","三斩"就是《斩黄袍》、《辕门斩子》、《斩马谡》,"一碰"就是《碰碑》,他的嗓子非常好。这位王先生当时红极一时,所以经过他这么一带,果然把梅先生给带起来了。京剧演员要想成名、唱红了,还有一个,必须要闯上海滩。你在北京唱红了,或者到外地唱红了,那不算,必须要闯上海滩。为此,我的老恩师就劝他的弟弟,希望他带着梅先生一起到上海演出。在上海演出的时候呢,梅先生是声名大振,反响特别强烈,那一期演出轰动了上海,反应非常的好。等到第二次邀角儿,再到北京来邀梅先生、王凤卿先生的时候,凤二爷就高风亮节,就提出来:"兰芳,这回你别给我挎刀了,这回咱们俩并挂头牌。"当时王瑶卿先生对他弟弟的这种做法也非常支持,而且还对梅先生提出来说,你要挂头牌,和老生并挂头牌,必须要有你自己独挑的戏,不能光配戏,像《武家坡》、《四郎探母》或者是《汾河湾》这样的戏不成,必须有你自己独挑的戏。老恩师就主动地教授他《穆柯寨·穆天王》。这个戏是文武并重,而且台上那个扮相、舞蹈各方面都很漂亮、很亮丽,在上海一炮打响了。可以说,《穆柯寨·穆天王》是王瑶卿先生创的,但是把这个戏唱红了的是梅兰芳先生。此后,王瑶卿先生又为梅兰芳先生教排了头、二本《虹霓关》,以及《梁红玉》、《花木兰》等等一批大戏,并且还帮助梅兰芳先生排演了很多的新戏和一些时妆戏。王瑶卿先生同时也协助他组班、挑班。自此以后,梅先生就红遍了大江南北,继而开创了独具风格的梅派艺术。

梅派艺术的风格是什么呢?简单地概括,应该是雍容华贵、高雅脱俗。梅先生的自身条件太优越了,他的嗓音脆亮、甜润、宽圆俱备,刚柔相兼,个头、扮相、身材、形体没有不好的,自身的条件太好了。而且他外在与内涵真是表里如一,生活中就是一位仪表非凡的美男子。他画上妆,扮上女人来,不用刻意地雕琢,就是一位贵妇人,非常的好。所以梅先生唱念做打俱佳,文武昆乱不挡,而且学问渊博。他所创造的艺术形象端庄大方、完美无缺。用一个"美"字代表梅先生和梅派艺术恰如其分,可以说是无一不美,无人可比,我们常说他就是一个美的化身。梅先生沿着我老恩师的道路,锐意创新改革,从剧目到服装、头饰、扮相等等,都有很多创造。特别是在音乐伴奏方面,原来我们就是一个胡琴,一个月琴,一个三弦,声音很薄,但是从梅先生开始把二胡加上了,一下乐队的感觉就丰富了,音律也浑厚了,非常地丰满。当时梅先生这个创造受到了我们戏班里很多演员的称道,后来不仅是旦角用了二胡,小生也用了,再后来甚至于连老生也用上了二胡。现在像于魁智他们唱戏,乐队里都加了二胡。所以梅先生对京剧乐队方面的丰富、创新,做出很大的贡献。

梅先生塑造的人物大家都知道,像虞姬、杨贵妃、《宇宙锋》中的赵艳容等等,都是一些贵妇人的艺术形象。梅先生为我们旦行的表演所作的贡献是继王瑶卿先生之后,又创造了一种精美绝伦的典型,开拓了京剧旦行艺术的广阔道路,所以他在这方面的功绩是很大的。

梅先生光辉的成就为我们祖国乃至东方文化艺术宝库留下了丰富的财富,成为后人学习的典范,为世界所推崇、称赞。梅先生人如其艺,艺如其人,是一位德艺双馨的戏曲艺术大师,特别是他谦虚的美德,为世人所传颂。尤其是在敬老尊师这方面,真是我们的一个楷模。梅先生对王瑶卿先生非常尊敬,上个世纪 50 年代我在老恩师家学戏,我就亲眼得见。我记得有一天梅先生来看望王先生,进了门以后非常恭敬地深深地鞠了一躬,轻轻地喊"先生"。当时我听了梅先生叫了这声"先生",梅先生的这一举动,真使我非常吃惊。我没想到鼎鼎大名的梅大师,名扬海外的梅博士,居然对老师如此的恭敬,真的,当时更增加了我对梅大师的敬仰和钦佩。我看到两位大师坐在我师傅正屋的椅子上,两个人交谈,那个亲切的劲儿,真的就像一家人一样。那时候我们是学生,没有照相机。我现在真后悔,如果那时候要有照相机,我就把这一瞬间留下来,那真的是一个非常珍贵的资料。

梅大师的代表剧目都得到过王瑶卿先生的参与、帮助和指点,所以王瑶卿先生生前叫我学旦角的流派,一个是王门本派,再一个就是梅派,安排我学习《霸王别姬》,而且排演、演出《霸王别姬》、《贵妃醉酒》、《宇宙锋》等等梅派戏。老恩师让我学梅派名剧,借以提高我的艺术修养和水平,从而也使我对梅派艺术有了进一步的了解和追求。俗话说,千学不如一看,我一有机会就观摩梅先生的演出,同时能争取在舞台上近距离地学习梅大师的艺术。我记得 1953 年,我排演

《霸王别姬》以后，为了能够更好地、仔细地揣摩和学习梅先生这出拿手戏，就向领导提出，梅先生如果演出《霸王别姬》，能不能派我来演女兵？因为那时候我是大班的，陪梅先生演出都是我的师妹，派她们来演女兵，像《贵妃醉酒》的宫女、《霸王别姬》的女兵都是派小师妹演。那时候我就特别希望能陪梅先生在《霸王别姬》戏里来演女兵。后来就有一天，大概是梅先生在怀仁堂有一个重大的演出，在那个时候一般像这种重要的演出，他都不用他们梅剧团的班底，都喜欢用我们中国戏校的学生，因为学生比较年轻，也比较整齐，所以那天就安排我们戏校来演女兵。我觉得机会来了，就请求一定要派我一个女兵，而且我要求要在下场门左边第一个。老师说为什么？我说您就安排我这个，我就想站在这儿，您要是愿意满足我的要求，您就这么安排。结果老师真的满足了我的要求，我就挺早地化上妆，就去梅先生的化妆室看梅先生化妆，然后早早地扮上戏，穿上服装，等候上场。一般像这样的场合梅先生都不唱全部的《霸王别姬》，都是从中间的那个"自从我随大王东征西战"那一场开始唱。那一场正好是女兵站门，打鼓佬那儿开了长锤、撕边，我们就拉着"山膀"上，梅先生上场了。

我记得那天，我看着梅先生在侧幕边上站好了，等着"长锤"开出来以后，这个撕边一开，他一只手这么拿着宝剑，另一只手捏着斗篷的边。他一提神，我就感觉满台生辉，就好像骤然间舞台增加了无数的灯光，非常的亮丽。从他一出场，一直到唱那个四句，完了归座，我的眼睛就始终盯着梅先生看。当时梅先生的台步，完全按照我老恩师的那种台步，青衣的台步走，清逸而且是稳健，走出来，提神，非常的优美、亮丽，活脱儿就是一个虞美人。我当时就站在那儿，好像脑子里头装了一个摄像机，所有他的表演、一举一动、神态、行腔儿、声音全都录下来了，都录在我的脑子里。后来直到梅先生说"你等退下"，让我们退下，我往下退的时候，我的眼睛还盯着台上，一直看梅先生。

下来以后，给梅先生管事的李春林先生，我们当时都叫李大爷，也就是现在的舞台监督，下来以后找到我说："姑娘你怎么这样？"我说："我怎么了？"他说："你怎么老把后脑勺冲着观众？你不能老把脊梁冲着观众，背朝观众，你得脸冲着观众，这不成啊，后头你可不能这样了。"我就说："李先生我一定注意，您放心，我后头不这样了。"后来他就走了，边走还边说："注意啦，后面那场可不能这么干了！"他走了以后，我心想，我今天干吗来的？我不就是为看梅先生这个上场吗？就为瞧这个撕边的长锤上场，所以我必须这样，挨几句说也没事儿，小意思，后面我照样该怎么着怎么着，两只眼睛一直没离开梅先生。所以这场戏我的印象太深了，我觉得能够这么近距离地看梅先生，而且这种学习方法确实是我在台下学不到的，那种面对面的学习是学不到的。

通过学习梅派戏和演出梅派戏，我体会到了梅派的艺术看似好学实则难学的特点，谁都能演，有深有浅。确实，就如同我的老恩师的王派艺术一样，正统、规矩、规范，用我们的行话说就是没毛病，学生学了以后也没毛病。不像有一些流派，你抓住他的特色就有了，观众就认可，比如说荀派，一下子就能感觉到这是荀派；要是程派，唱腔特色有了就有了；尚派，胳膊一露出来，有一些大幅度的动作，一下就有了。但是梅派没有特别鲜明的特征，所以我觉得梅派的艺术更难学，更不好学。我认为梅派艺术的特点是从没有特点中来体现特点，在表面平淡之中显现出深沉含蓄的内在魅力。看上去似无明显的特色，实际上那就是梅派艺术的特色，没有毛病，大大气气。

以上就是我对梅派艺术的理解和个人的体会。下面我就想说一说尚小云先生的尚派艺术。尚派的艺术风格是刚劲炽烈。尚先生的嗓子特别好，在四大名旦当中，他的嗓子是最好的，他是上中下左右的十字音都有。可以说，尚先生的嗓子是清脆、高昂、圆亮，刚多于柔，他的唱腔刚比较多，他演唱的特点是浑厚、沉重、大气磅礴。而且尚先生善于用颤音，包括他的慢板、快板，散板里头都有一种颤音，主要是以刚为主，尚先生的嗓子刚这方面比柔更强一些。他的身段幅度比较大，像《昭君出塞》、《失子惊疯》等等这些戏，他的起落比较准确。尤其是尚先生的基本功相当扎实。因为他特别喜欢杨小楼先生的大武生艺术，他也吸收了很多杨小楼杨派的东西。尚先生不仅演一些传统戏，也演了很多的时妆戏，像《摩登伽女》等等，演了很多这种戏。尚先生善于刻画巾帼英雄和豪客侠女等这样的形象。而且尚先生最大的一个特点就是具有创新的精神，无论是从他的戏到他的剧本、舞台装置，甚至于人物造型、唱腔都非常有新意。

　　谈了梅和尚了，下面我想再谈一谈程派。程先生创造的程派艺术风格是什么呢？是清雅淡丽。程先生的嗓子是高柔圆润之中略带一种闷音儿，因为程先生变声以后，嗓子就不好了，可是他出来这么一种音儿，当时王瑶卿先生就管它叫"脑后音"，说白了叫"鬼音儿"。程先生的唱腔、他所创造的戏，几乎都得到了王先生的指点和帮助，大部分的唱腔都是老恩师给设计、给创造的，而且都适合了程先生他自己独有的那种独特的风格。程先生唱腔的一个基调是，低回婉转、缠绵、含蓄无尽、层次有致、似断似续，在欲刚欲柔之间。特别在行腔这方面，程先生在运气、提气、偷气、节奏的尺寸方面都是非常有功夫的，堪称一绝。程先生的武功技术特别扎实。大家都知道他学过太极拳，有武术的功底。程先生脚底下的功夫,特别是跑圆场的功夫相当好,因为他的个子高,他就要存腿,他的腿必须是这样存着的,他的个儿才能下来,所以他演戏很累。你想,要演一出戏,比如一出《荒山泪》,他一直都这样存着腿演,多不容易啊,这就要求他脚底下的功夫特别好,基本功相当好才行。另外,像《荒山泪》这些戏的水袖功夫也是程先生的特长。最难得的一点,就是程先生能够做到戏和技巧紧紧地结合,这样看起来就非常地耐看。程先生擅演悲剧,他塑造了很多外柔内刚、具有反抗精神的古代妇女的艺术形象,被人们称道。

下面我想再说荀慧生先生,也就是荀派。荀慧生先生创造的荀派,艺术风格是浪漫妩媚。荀先生的嗓子特别是年轻的时候非常的甜媚,也稍微有一点儿闷音儿,不是很亮。在用嗓子方面他有特殊的技巧,荀先生善于用小颤音,用半音和那种华丽的装饰音,所以荀先生在唱腔方面也都有他的特色。荀先生还经常用鼻音,行腔当中用鼻音,用鼻音来收腔就更增添了一种韵味儿,还能做到缠绵断续。因为荀先生最早是唱河北梆子的,大家也看过荀先生的那个电视剧,他是初学河北梆子,在他改唱京剧以后,就巧妙地把河北梆子的一些唱法和唱腔都糅进京剧的唱腔里面。另外他还把河北梆子的一些表演精华,一些非常深厚的基本功都融进了京剧里头,这也是荀先生的艺术特色之一。

荀先生唱京剧以后,拜了王瑶卿先生为师,在继承王派的基础上,荀先生又进行了较大的创新。荀先生的念白戏(尤其是京白戏)基本上都是宗王派。因为荀先生演的都是花旦,花旦经常以说京白为主,他的很多京白戏就都是宗王派的。他的特点是轻巧流利、清脆甜润,非常的生活化。荀先生的念白很传神。另外荀先生的基本功也是很扎实的,尤其是圆场功,颇见功夫,因为荀先生是人家河北梆子的底子,他脚底下的功夫非常准确、适度、出色。我记得在上个世纪50年代，看过一次荀先生的《红娘》，他第一个上场，圆场一跑，当时真的把我给镇住了，就觉得荀先生跑的时候上身纹丝不动，脚底下就像安了两个轮子似的，稳健，真像一种水上飘的感觉，足见荀先生在这个脚底下圆场的功夫实在是非常地好，非常地漂亮，这在我们京剧界是大家公认的。荀先生善于塑造一些天真、活泼、热情的少女的形象，具有柔媚、娇婉的风格。荀先生演少女堪称一绝。

四大名旦都出自王门，梅兰芳先生虽然没有正式拜师，但是对王瑶卿先生行师生礼，尚小云先生、程砚秋先生、荀慧生先生这三位先生都是王瑶卿先生的入室弟子，正式拜了王瑶卿先生为师。四大名旦虽然都是一师之徒，然而风格各异，这主要是依仗老恩师调教有方。王先生教徒传艺，不是自己怎么从师傅那儿学来的，就原封不动地再教给徒弟，不是教死书，死教书，而是根据徒弟不同的条件、自身的优势，因势利导，施以教学。也就是老恩师常常跟我们说的"拴猴法"。什么叫"拴猴法"呢？老人家曾经有那么一个很生动的比喻，恩师说，"我弟子很多，你们这些弟子啊，就等于我有这么多的猴子，都在我手上的这根棍儿上拴着，我是一个猴一个拴法，对这个猴要那么拴，对那个猴要这么拴。"实际上这就是老恩师的教学方法，就是因材施教，根据学生不同的条件施以不同的教学方法和教学内容，因此在老恩师的科学的教学方法的调教之下，在王派艺术的基础上，四大名旦就各展其长，形成了各自的艺术风格、特色，创立了梅、尚、程、荀四大名旦的旦角流派，为我们京剧旦行表演艺术开创了新的天地，树起了一座新的里程碑，使京剧旦行表演艺术得以继承和发展。王瑶卿先生调教出四大名旦之后，继续为京剧旦行艺术的传承和发展培养新人。老人家开创了一所不是科班的科班,接纳梨园界男女旦角演员,几乎所有在艺术上有成就的演员都出自王门,可谓桃李满天下。

最为突出的,在四大名旦以后,老恩师又培养出李世芳、毛世来、宋德珠、张君秋四小名旦。四位当中,唯独张君秋先生受王瑶卿先生的教育最多,得王派艺术最多。张君秋先生曾经跟李凌枫先生学青衣,李凌枫先生也是唱旦角的,是王瑶卿先生的徒弟。张君秋先生曾经说过这样一段话,他说:"李先生是王瑶卿先生的学生,论辈分王先生是我的师爷,因为这层关系,在我向李先生学戏的很长时间之后,我就跟随师傅进了王家大马神庙的家门。"王瑶卿先生非常喜欢张君秋先生,第一次见面就听出了张先生有天生的好嗓子,又脆又亮,是一个大青衣的坯子。因为要演大青衣必须有好嗓子,所以觉得他是个青衣的坯子,就给他教排了《大保国》、《二进宫》这样重头的唱功戏,还教了张先生许多刀马旦的戏,就为了提高他的表演和他的基功。像《十三妹》、《得意缘》、《穆柯寨》、《虹霓关》、《樊江关》这样的戏都教给了张先生,为的是让张先生能够全面地发展,打下良好的基础。在王瑶卿先生的教诲、点拨之下,张君秋先生勤奋拼搏,创出了自己的"张派"。所以张派也是我们旦行艺术当中的一个重要流派,这和老恩师对他的帮助和教诲是分不开的。

下面我想说说张君秋先生的艺术风格。张派的艺术风格是华丽优美。张先生的嗓子条件极好,甜、脆、圆、润,音域宽广。张先生的特色主要就是体现在唱、念这两方面,他以王瑶卿先生"王派"的唱为基础,又糅合了梅、尚,因为张先生后来又拜了梅先生,他又是尚小云先生的义子、干儿子,所以就糅进了梅、尚的艺术特色。此外,他还兼收了程砚秋先生、黄桂秋先生等名家的长处,加以充分的个性化,发展了他自己的特色流派。张先生早中期是以刚健、清新、柔俏、多姿为

173

主,晚期更由纯美中显出华丽、舒展。他非常注重唱腔的吟诵性,就像吟诗一样的吟诵性,也很有特色。而且他的旋律、节奏特别是唱腔趋向于自由、自如,耍着板儿唱。我觉得张先生如果没有一定的功力,就不能够达到在演唱和念白这方面那么高的水平。张先生的念白也是宗王派的,也是以刚、脆、爽为主,并且发展了梅先生的甜、柔、传神的特点。张先生的声腔艺术是四小名旦中的佼佼者,确实是不可多得的,为京剧旦行的声腔艺术做出了极大的贡献。他创演了《望江亭》、《秦香莲》、《楚宫恨》、《西厢记》等一大批具有特色的张派名剧,也为我们的京剧旦行留下了很宝贵的艺术资料、艺术遗产。

我上面谈了京剧旦行的几大流派的传承和发展的情况。追根溯源,我们不能把根本给忘了,有道是"树从根基起,水从源处流",下面我就想谈一谈我的老恩师王瑶卿先生创下的王派艺术的特色。

王派艺术的风格是什么呢?根据我在王先生身边学艺和演出王派戏的亲身体会和感受,我认为王派艺术的风格和老人家的品德、性格一样,明快、爽朗、醇厚、细腻、刚劲、大方。他所创的人物既有反抗封建婚姻的刘兰芝(《孔雀东南飞》);又有反抗嫌贫爱富的王宝钏(《红鬃烈马》);还有像穆桂英(《穆桂英》)、双阳公主(《珍珠烈火旗》)、窦仙童(《棋盘山》)、十三妹(《十三妹》)等等众多的古代巾帼英雄的艺术形象。所有的剧目和人物形象都具有青衣的端庄、大方、贤淑、沉稳,花旦的亮丽、活泼、妩媚,刀马旦的刚柔、英勇。老恩师善于用京剧的艺术手段塑造人物,具体说,就是巧妙地、合理地把京剧的四功即唱、念、做、打都运用到人物身上。恩师在唱腔上的造诣是非常深厚的,老人家经常教导我们说,"我们要创一个新戏,要弄一个比较好的、让观众能够喜欢的戏,唱腔尤为重要。"我理解,一出好戏首先要有几段优美、动听的唱腔,唱腔音乐形象站住了,这个戏就能保留住。所以老恩师在排新戏当中,特别注重这一方面。在演唱方面,老恩师特别讲究韵味、尺寸、火候、气口。比如气口,有大气口、小气口、硬气口、软气口、偷气、缓气,特别是吐字和咬字,都特别讲究。如果我们把这些规则全掌握好了,我们自己的唱腔也就掌握住了,也就掌握住了基础的东西。王先生常说,唱腔要讲究抑扬顿挫,该快的快,该慢的慢,不能一道趟,唱这一段原板老是这么四六劲儿不成,必须要有变化。唱腔也不能够太过火,现在的青年演员我不客气地讲,在舞台上演出太过,每一句都想要彩声儿,如果你在舞台上,你每一句都是这么饱和,听着倒不美了。所以我老恩师说要注意这个火候,要掌握七寸三分劲儿,要恰到好处。我跟老恩师学《孔雀东南飞》的时候,还跟我说了一句话,我的印象特别深,恩师说,"我们在演唱的时候一定要唱像说,等于你是在叙述,你唱要有口语化,这样才能让观众听得懂;说要像唱,就是你念白的时候要有韵味,要有情绪,也要有节奏。"这是一个很高的要求,掌握住了这个法则才能动情、动听、动人。

在念白方面,我的老恩师也非常有特色,他常说,念白,特别是京白,一定要注意两点,一个是韵味,一个是要有上下句。比如说我们唱"离去了峨嵋到江南,人世间竟有这美丽的河山",有上句下句;念白也得有上句下句,比如"我十三妹……",你若说"我十三妹,喳喳喳",老是一道趟就不行,所以老恩师要求念白一定也要有上下句,要有气口,这样念白才好听,才有韵味儿。特别是我老恩师还创造了一种韵白和京白两掺的念法儿,我们叫"两掺儿",又叫"风搅雪"。这个念白的方法我认为非常的好,丰富了我们旦角舞台上的表演,使得人物也非常的鲜明。比如《穆桂英大战洪洲》就有这么一段念白,是穆桂英做了元帅以后,出征前点卯(点名),杨宗保误卯,怕惩罚,跪在那儿不敢抬头。穆桂英问他:"见了本帅为何不抬起头来?""有罪不敢抬头。""恕你无罪。""谢元帅。""咳,起来吧。"一下子这个人物就亲切了,小两口那种夫妻恩爱的关系就表达出来了。如果这句"快起来吧"用韵白就没有"风搅雪"效果好。后头差他去洪州报信:"赐你大令一支,你昼夜兼程,到洪州报信,不得有误。""得令。""回来。"一看两边众将官:"你可小心点儿啊。"一下子小两口的那种感情就出来了。如果用韵白,"你要小心了",就出不来了,是不是?所以我觉得我的老恩师创的"风绞雪"的这种念法太好了,能够丰富我们演员的表演,能够更准确地体现人物,所以在念白这方面老恩师是堪称一绝。我们京剧的念白是"千斤话白四两唱",足见念白是非常注重的。

我想,京白戏里面特别能够代表我老恩师特色的就当属《十三妹》,特别是何玉凤第一场叙述的那一段念。这段《十三妹》就把何玉凤那正义、侠气、豪爽的性格表现得淋漓尽致,她区别于金玉奴之类的角色,因为她是十三妹,是侠女,必须豪爽、有侠气。所以说王瑶卿先生在念白这方面真是有特色。曲艺界称道侯宝林先生是语言大师,那么我觉得王瑶卿先生是我们戏曲界的语言祖师,是当之无愧的。

上面我讲了王派的唱、念的艺术特色,下面我想讲一讲做,也就是做功。做也就是做派,也可以说就是表演,在这方面要求有漂亮的身段、功架,真实的表情、神态,追求身上要玲珑剔透,脸上要自由传神,特别要注意运用手、眼、身、法、步这五法规范的造型的美,更注重要运用形体的语言来塑造和表现人物。此外台步、手势都是我们京剧旦行特别注重的一个基本功,我的老恩师在这方面也有一个非常形象的比喻。走路是"百练之祖",而台步是我们戏剧演员的基础,因

176

为我们常说这个演员一出台,走那么四五步就知道他吃几碗干饭,所以这个台步一出来,走这几步就能够衡量一个演员艺术水平的高低,这是一个测量仪,尤其是我们旦行,台步太重要了。在这方面,王先生就曾经说过几种脚步。比如说青衣的台步,因为青衣大部分表现的都是大家闺秀、贵妇人,所以要端庄、大方、雍容华贵。青衣的脚步应该是交叉地走,脚后跟先落地,然后脚尖再落地,两只脚要交叉着走,如果你横趟,横着走就不好看。现在有的旦角一出场,迈步就不好看,如果一出场就又着迈步,马上形体就好看了。所以我师傅说,青衣步是孔雀步,说孔雀开屏以后,旁若无人,自信、漂亮,开屏以后自我欣赏,所以它应该是稳重,又着步,孔雀步,这样才好看。花旦因为表现的都是一些青春少女,也就是很年轻的女孩儿,所以她的脚底下要溜,要轻快,要快捷,花旦台步就应该是半步。比如说《拾玉镯》,寻找小鸡,出来喂鸡,忽然发现鸡找不着了,丢了一只,她来找鸡,就碎步,半步不能一步。有的时候她要是兴奋了,或者她高兴了,可以跳起来,就是小碎步、小错步,表现的是一个少女,老年人的走步都是很慢的、很重的,年轻人的节奏是很快的。旗装戏,像太后、公主这样的戏,由于穿着的服装的特色,脚底下穿着花盆底儿,再加上那个人物所规定,非常端庄,头不能随便地摆动,要有一种气魄,既要有男性的气魄,又要有女性的美丽,走起来应该是轻抬,而且不能勾脚,一勾脚那就不好看了,寒碜,要轻抬慢落,所以旗装戏的台步是鹅步。泼辣旦和彩旦,头、肩、腰、胯都要夸张一些,脚底下的步子也要大一些,因为不是少女,她是中老年女性,是彩旦,所以走的是鸭步,像鸭子,这都是老恩师在这方面对我们旦角的台步的一种形象化的归纳和要求。

还有我们演花旦的演员要非常地注重眼神的运用,要学会眼睛能说话。比如说《拾玉镯》，一根线，一个针，没有实物，但是也要让观众感觉你的手里有一根针，有一根线，要看表演，看眼神。比如说我这根线拿出来了，我得捋直了，真捋，真的感觉有线，看见线毛咬一咬，然后真给吐了，完了以后捻捻。我要纫针，我得捻捻，一看，哦，有了。找找针，针没带，一看别在身上了，然后捏着这个衣裳，这样就感觉有实物了。捏着，然后纫，慢慢地纫。纫着以后就该快了，然后一、二。这就是表演，表演要真实，主要是眼神，所以花旦就更注重眼神，要有眼睛会说话的这种功夫。

　　下面我再说一说打，因为唱念做打都是很重要的。武打似乎指的是技巧，实际上不应该是单纯地卖弄技巧，成为武功表演，而应该紧紧结合剧情，配合人物的性格、身份、地势、环境，打出个性。比如说我的《十三妹》，我在一个寺庙里打，庙里有一个大佛，上面有一个台阶，还有一个大的隔扇，我就利用这种地势、环境，要打出情景，要打出个性，同时它也应该跟文戏一样，要牢牢地把握住节奏的快、慢，而且要有爆发力。如果武打没有爆发力就不精彩了，要干净利索。我们刀马旦手里也拿刀，也拿枪，也拿剑，手里的家活儿，我们叫家活儿，实际上是兵刃，脚底下的步伐都应该是稳中见快，身上要漂亮，要帅要溜，但是不能拙，要假"溜"。我还要说一说这个假"溜"。我的老恩师王瑶卿先生那时候教我《珍珠烈火旗》的时候，后面我有一个开打，他看我开打的时候比较满意，叫我"鬼妞"。他说："鬼妞，你这后头的开打对了，我要求的就是假溜，不能拙。"假溜实际上就是一种巧，一种俏，这样才好看。所以我们搞艺术的在舞台上甭管是舞蹈还是表演一个技巧，一定做到巧、俏，这就是老先生说是假溜，实际上就是一个范儿（方法），这样能够做到潇洒自如。通过我跟王先生几年的学艺，在舞台上的实践，我体会到作为一个演员，特别是一个京剧演员，表现的这些唱、念、做、打、舞的基本功的时候应该有一个法则，就是要做到快而不乱，慢而不拖，文而不温，脆而不拙。我们还要十分地注意在艺术上要讲究分寸，唱腔的劲头要讲分寸，念白的语气也要讲分寸。唱念的分寸是什么呢？就是节奏。做功或是武打也要讲究分寸，打的分寸是什么呢？是幅度和力度。

下面我再简单说一下"五法"，什么叫五法呢？就是手、眼、身、发、步（步，就是脚底下），也有人说是手、眼、身、步、发，也有这样的说法，但是我们老的说法还是手、眼、身、发、步。"手"，大伙儿知道。"发"实际上就是头发、翎子、甩发、盔头，这些都是属于发。"步"就是脚底下。也有人把"手眼身发步"的"发"说成是"法"，实际上不是，应该是发，都是头上的一些技巧。我觉得掌握好这四功五法，是我们戏曲演员应该做到的，而且我们要应用到塑造的人物上，要给技巧以生命力，要给它内容，不是单纯地在那儿卖弄技巧，不是一个技术的堆砌。说我这儿打三套靶子，我翻好几个跟头，没用！你那个技巧和那个戏没紧紧地结合就不好看。所以，我觉得作为一个京剧演员，在这些方面是要求很严的。

我上面简单说了一下王瑶卿先生创立的王派艺术的风格，我认为王派艺术是最全面、最丰富的艺术流派，是一个总根。我想能够最集中体现王派艺术的一个作品，就是王先生为我们排的《白蛇传》。我认为这是最能够体现他的唱、念、做、打、舞的作品。王先生为我创排这个戏的时候，已经是古稀之年了。我还深深地记得那时候他拄着拐杖，因为他腿不好，从早到晚在我们的排练场，每天和我们大家在一个很简陋的排练厅里。我有幸在《白蛇传》当中担任女主角，也就是白蛇白素贞，所以能够有机会全面地学习王派艺术。这种学习不仅是学习王派的艺术流派风格，我还学习到了他对艺术的创新精神。《白蛇传》的排练过程就是一个特殊的课堂,我一天学到的东西是我十年也学不到的。老恩师他一句、一字、一眼、一板、一个身段、一个动作、一个眼神,手把手地教我,我在排演这个戏当中特别入迷,学不够,而且感觉越学越开窍。

我举一个例子吧,《白蛇传》前面的《游湖》一折,原来戏中的青白蛇就是穿着裤子袄,没有水袖、裙子,就是一个短袄,拿一块手绢,和青蛇一块儿到了人世间,就唱了四句【散板】。当时老恩师说这不成,白娘子这样一个人物,初到人间唱几句散板,拿一块手绢,那气氛不够,人物不够,必须要穿帔。首先从服装就给我改了。我就穿上带水袖的帔了。他又说要加一段完整的唱腔【南梆子】"离却了峨嵋到江南",一个【导板】。在那个音乐当中青蛇、白蛇两个少女走到了人间,到了西湖,一下子那个情景、那个人物就立住了。所以老恩师给我排这个戏的时候我的感受太多,真是太佩服他了。

还有另一个例子就是《断桥》。我们这个《断桥》是青蛇追杀许仙,因为许仙背叛了白娘子,青蛇是白娘子的患难姐妹,她就非常地愤恨许仙,要追杀他。这里头有很多的技巧,我们当初,青蛇有变脸,一回身,一喷,就有一个碗,一喷,就把脸喷成金色的。完了以后许仙就是抢背,吊毛,青蛇就用剑指着许仙,技巧相当多。可是白娘子就在中间拦来拦去,就唱那么几句【散板】。这个戏是田汉先生的剧本,田汉先生是国歌的词作者。王先生说:"老田呀,这点儿不能净看白蛇在那儿拦来拦去,就看青蛇在那儿杀,许仙在那儿逃,白蛇没事儿,干愣着不行。得给白娘子写一段词儿,这段词儿要把对白娘子许仙的怨啊、恨啊、爱啊这些复杂的心情都表现出来,意思就是要数落数落许仙,就是要骂他。田老就说:"我明白了,我明白了。"当时我们想,编一段词儿怎么也得两三天，我们还在那儿坐着，就看田老怎么办。就看田老在我们的排练厅走了两圈，他停下步以后把眼镜摘掉，拿一张纸，就在排练场的红漆桌子上刷刷刷写起来了。写完以后走到我老恩师的跟前儿，说，"王老，你看看，这个词儿写好了。"当时我们就看见，我老恩师坐在藤椅上，田老就站在他旁边说，我念给您听听——

> 你忍心将我伤，
> 端阳佳节劝雄黄；
> 你忍心将我诓，
> 才对双星明誓愿，
> 你又随法海入禅堂；
> 你忍心叫我断肠，
> 平日恩情且不讲，
> 不念我腹中怀有小儿郎？
> 你忍心见我命丧，
> 可怜我与神将刀对枪，
> 只杀得云愁雾散，
> 波翻浪滚，战鼓连天响，
> 你袖手旁观在山冈。
> 手摸胸膛你想一想，
> 你有何脸面来见妻房？

这第四个"你忍心"的下句 33 个字，是老恩师要求的。老恩师说，老田，你这个词不要按规律，七言九言的不用，长短句都可以，你发挥，只要能表现情绪就成了。所以田汉先生第四个你忍心的下句就 33 个字。当时老恩师拿过这个词来，就这么看，一边看一边哼哼……（演唱）当时，我们听完这段唱以后，真的大伙儿全都傻了，感觉太好了，几乎现场鸦雀无声愣了那么几秒钟，就像刚才列位似的，大家给这么一个热烈的彩声。实际上您不是给我的彩声，是给我师傅的彩声。大伙儿就觉得，太好了！非常准确、恰当，充分地表达了白娘子对许仙的怨啊、恨啊、爱啊，表现得非常地准确，符合感情又好听。当时在现场，田老说："啊呀，王老呀，你这个唱腔可太好了，真是太准确了，把白娘子这个人物表现得太好了！"当时王先生说："老田啊，要没有你这个好词儿，哪有我这个好腔儿呀！"二老开怀大笑。当时那种气氛啊，我们在场的人非常非常的感动。所以我觉得这段【西皮碰板】【流水】的唱腔听起来真的是委婉动听、节奏分明，展现了王派的那种——抑扬顿挫的"猴皮筋"的唱法。王先生常说，唱腔要像"猴皮筋"那节奏，非常地有弹力。我觉得这段"你忍心"就是一个非常准确地表现王瑶卿先生王派唱腔的"猴皮筋"唱腔的艺术精品。而且难能可贵的是，一个下句有33字。老恩师居然设计编排得那么巧、那么俏，真令人叹服。

我还要讲一个故事。近芳大姐排《柳荫记》，就是《梁祝》的时候，当时的导演为了保持原著川剧本子的原貌，说台词不要变，就用原来的台词，上句是"春日长"，下句是"身坐愁城怨难当，老爹爹不准女儿杭州往，还需好言来商量"。"春日长"三个字是上句，我们的曲作者、唱腔设计，一个礼拜弄不出来，说这个"春日长"上句怎么唱？上句应该是七个字啊，不好编腔儿。没办法，就找到我老恩师说："王老，这'春日长'三个字的上句，这腔儿我们编不出来，怎么办？已经一个礼拜了，困到那儿了，下面没法进行。"王老说："我看看。"拿来一看，马上就说，你听听"春日——长——，身坐愁城怨难当——"。（演示）上下句，分得多清楚，神速！所以王瑶卿先生真是一个最有本事的大师，一个3个字上句的唱腔，一个33个字的下句唱腔，到他那儿来就一蹴而就。

我刚才说的"你忍心"这一段唱词，还有这个好唱腔一直

182

流传到现在，这段唱腔一个字没改过，一个音符也没变过，听起来仍然感觉不过时，百听不厌，常听常新，所以《白蛇传》的词、唱，我认为是俱佳，是田汉先生和王瑶卿先生二位戏剧大师传世的经典，堪称是双绝双美。王先生给我们创排的《白蛇传》成功以后迅速推广，这出戏渗透了老恩师和许多前辈们的心血和汗水，我认为也是全面、具体地体现了老恩师王派艺术的精华之作。为此，我对《白蛇传》这个戏情有独钟，它是王先生在他人生的最后几年，70岁左右的时候，留给我们的最后的宝贵的艺术遗产，我是倍加珍惜的。另外，我还把我这个戏传授给了我的弟子，像中国京剧院的李胜素，那是我的入室弟子，还有大连京剧团的李婷，天津京剧院的王艳，以及我的学生湖北省的张慧芳，我都把这出戏教给她们，让她们唱。她们跟我学的第一个戏就是王先生给我创排的《白蛇传》，我这样做是为了能够使她们全方位地继承王先生独特的王派艺术。这个戏最能够代表我老恩师的艺术特色。

我认为只有继承才能够有发展，首先是继承，流派不流，艺术就没有生命力，所以继承是非常重要的。王派的传人和再传弟子不少，梅、尚、程、荀以及张派的传人和再传弟子也都很多，使得京剧旦行的艺术得以在京剧的舞台上长期活跃。新中国成立以后，也涌现了一些在艺术上有才华的演员，但是都没有创出新的流派。我认为，原因是创流派比较难，这确实不是一件容易的事情，真是需要天时、地利、人和。流派我认为它不是自封的，也不能只靠拉选票就能形成流派。首先我认为创流派要有超群的真本事，另外还要经得住时间的考验。

为此，在座的大家也包括我在内，真是迫切地希望能有新的流派出现，因为新中国成立以后，好像我们就没出过什么流派，这个也是我们作为一个搞戏曲的京剧人很担心的一

183

件事情。我今天讲了这么多，唯一的希望就是各位专家、教授、学者能够助我们一臂之力，起码能给我们助助威。作为我们搞京剧的这些人，也应该很好地把老前辈开创的艺术流派，原汁原味地、不掺假、不走样地保持住。不能只顾追求新，为了拉观众，什么都搁在京剧舞台上，京剧也弄个台上台，圆场也用不上了；说这个胡子也贴上了，这髯口也没法儿弹了；我们用这个片子，我们脸型是方的，我们用贴鬓一下就改变了，就可以成为瓜子脸，也不贴鬓了，全都没有了。是不是这样就能把青年观众吸引住了，就给拢住了？也不见得。所以我觉得应该保持我们的原汁原味，不走样，把这些东西先继承下来。当然了我们也不保守，我的老恩师也不保守，戏一定要跟着时代走，一定要有与时俱进的精神。在这一点上，我也特别希望在座的各位专家也助我们一臂之力，能够使我们的京剧能够更好地发展，使我们老前辈留下来的遗产能够一代一代地传下去。我老恩师在世的时候我还是个学生，他教了我几十出戏。我跟着他老人家一块儿学艺生活了4年，他不仅教我戏，还管饭，每次都管饭，因为我做学生那时候去学习，就给一毛二的伙食费，身体也不好，老恩师就留我在家里吃饭，因为我是学生，还没有挣钱。我都没孝敬过我的老师，所以我现在总觉得对不住他，现在我唯一能做的就是把王派的艺术好好地保住，传下去，替师传艺，来报答我的恩师。

　　我今天就说这么多，谢谢！有不对的地方，希望各位批评指正。

　　问：刘老师，您好。我现在已经不能说是学生了，已经工作了，像我们这种以前是大学生又喜欢戏曲的人比较少，我们当初在大学的时候属于孤立群体，别人都认为我们是怪物。我觉得现在这种戏曲推广,它并不是说主要培养青年人,好像都更多地推广给老年人了,这是不合理的。我每次去音像书店买 CD 的时候,他们都问我,是不是给你爷爷奶奶买的?其实我是给我自己买的。所以我觉得京剧走进大学会更好一些。我本身是学医的,不是说医学院校或者科技类院校的就没有喜欢戏曲的人,我们其实特别喜欢,但是接触不到,没有人到我们校园去推广,我觉得这是很遗憾的事情,希望您也能呼吁一下。

刘秀荣:好,这位姑娘说得非常好。我认为这个不是我们能做的,是一个政府行为。因为戏曲特别是京剧进校园要从娃娃抓起,要培养青年观众,这是一个政府行为,我们做不到。早就呼吁了,但是现在一直不做。我认为咱们中华民族的传统文化是我们中华民族的精神,这个一定要让年轻人知道。比如我们这一代人就是在这种氛围、这种环境中长大的。比如说我小的时候,给我印象最深的是,岳母在自己的儿子岳飞的背上刻上"精忠报国"这么四个字,这是一种什么精神?爱国主义精神!这是非常具体的。比如穆桂英,为国家何惜自身,这是什么精神?这是我们民族的精神!包括花木兰替父从军,国家有难,匹夫有责;包括包拯,大家都看过《赤桑镇》,说为正人先正己,这是一种什么精神?是不是,廉政!包括现在的现代戏,我们都是在这种氛围、这种环境中长大的。比如说《智取威虎山》,说"共产党员时刻听从党召唤",这不就是我们的民族精神吗?是我们应该做的事情嘛。国家要在这方面下大工夫宣扬我们的民族精神,宣扬我们的民族魂,因为这是我们的魂,我们不能净学外国的。你比如说现在的青年人,说青年人不爱看京剧,不爱看戏曲,不是不爱看戏曲,青年人连电视剧都不看,因为他要上网了,电视剧他都没兴趣了。我觉得这是非常可怕的一件事情,所以我认为咱们的国家、咱们的政府部门应该有意识地在这方面宣扬我们自己民族的优秀的文化传统，这是我们优秀的民族的品德，是我们民族的魂。什么叫爱国？这就是爱国主义。在这点上我也是很着急的。我现在感觉不应该说是京剧没有观众，国家就不支持它了，不能以观众的多寡来衡量一个优秀传统文化的价值。虽然它没有观众，但它是代表我们民族的，我们国家就应该扶持它、支持它。为什么昆曲列入联合国非物质文化遗产？人家都保护咱们了，我们自己为什么不保护我们自己的文化。所以这一点上我非常同意这位姑娘说的，应该进入校园，应该争取青年观众，如果没有青年观众，京剧就没有生命力了，我非常同意你的意见。

我再补充一点，这项工作我还在舞台上演出的时候，曾经做过，当时我们是三团，我是团长，我们就曾经带着我们团到大学去，连讲带演，讲各个行当，戏怎么回事，然后再由青年演几出戏。我们曾经这么做过，其他的团，比如上海京剧院尚长荣同志也这么做过，我们曾经都是想把我们祖国的宝贵艺术介绍到校园去，而且我们也是从娃娃抓起，现在的学校、幼儿班都想把我们民族艺术保留下来，推广下去，这一点我们是做了。但是咱们不能要求观众，我觉得这中间也有一个素质的问题，像我们年轻的时候，听说流传"中国人得要什么呢？得要一笔好字，两口二黄"，这才是衡量这个人的素质有多高的标准。比如像我们国家图书馆，专门举办过很多的京剧讲座，在座来的包括年轻的、上岁数的，对我们京剧都不仅是热爱的，而且是了解的，才参加这个讲座。所以我觉得咱们不是苛求观众，在观众层当中也有一个自身的素质问题，他的文化没有，历史知识没有，老怨这个京剧，说速度太慢。京剧里头也有快有慢，没有快哪有慢，没有慢哪有快，如果我们全是"下雨戴草帽"，全变成通俗歌曲那样，还谈什么高雅艺术。京剧流传下来接近 200 年了，不能把宝贵的艺术遗产全丢了。所以我们非常着急，我觉得在座的诸位都是对京剧的热爱者和支持者，所以我向大家表示衷心的感谢！

夏晓虹

晚清北京的戏曲改良与女子教育

　　夏晓虹，1953 年出生于北京。文革期间在吉林插队。1978 年考入北京大学，1984 年获文学硕士学位。现为北京大学中文系教授、博士生导师。先后赴日本、美国、德国、捷克、韩国、英国、马来西亚、以色列以及台湾、香港地区从事研究与参加学术会议，并曾在德国海德堡大学、日本东京大学客座讲学。主要关注近代中国的文学思潮、女性生活及社会文化。著有《觉世与传世——梁启超的文学道路》、《诗界十记》、《晚清文人妇女观》、《旧年人物》、《诗骚传统与文学改良》、《晚清的魅力》、《晚清社会与文化》、《返回现场——晚清人物寻踪》、《晚清女性与近代中国》、《阅读梁启超》；并主编"学者追忆丛书"，编校《〈饮冰室合集〉集外文》等。

我今天要讲的晚清北京的戏曲改良与女子教育，其实主要是一个个案研究，或者更准确地说我是希望通过一部新戏——《惠兴女士传》的编写和演出，来考察晚清北京的戏曲界在社会变革中的作用。这个是我的观照点。

我为什么会选择这样一个角度？我也想稍微做一点说明。一般阅读近代史，尤其是近代史的教科书，大概都会对清政府有一个非常可恶的印象。我们看到的清政府，不断地签订丧权辱国的条约，不断地割地赔款，而且镇压革命，好像在清政府的直接控制下，北京作为政治中心，是一个非常黑暗、保守的地方。另外，我们也可以看到现在电视上热播的关于清朝历史的电视连续剧，可能很多在座的都看过，主要都是以帝王将相作为主人公。所以，不管说近代史的叙述，还是戏剧、影视作品的演出，他们主要的观照对象其实是上层社会，就是晚清的上层社会，对民间社会的状况实际上反映不多，或者说没有很真实的反映。我自己的研究角度，就和以上的这些近代史叙述，或者说是影视作品相区别，我希望把自己关注的焦点放在晚清北京的民间社会，以此来考察观照晚清的北京社会生活方面究竟发生了什么样的变化，是一个什么样的实在的情形。这是我今天想讨论这个话题的主要目的。

我的这个演讲，刚才也讲到，希望通过一部新戏的演出，来达到对晚清北京社会状况的考察。我下面的演讲想要分成六个部分。我讲《惠兴女士传》是一部新戏。惠兴女士的故事是我第一节要讲的事情，也就是"惠兴殉学事件"。惠兴，我给大家介绍一下，她是一位满族妇女，当时为了办女子学校而自杀。关于这个女子学校在晚清的情况，我想应该先简单做一个介绍：中国的女性在传统社会里是很少有读书的机会的。即使家庭比较开明，让女子能够受教育，那这个教育也基本上是在家庭里完成的，就是说女子不能走出家门，社会上没有专门为女子开办的学校。到了晚清，这个情况就开始发生变化。西方的传教士到中国来，他觉得男女应该是平等的，有同样受教育的权利，所以在一些沿海城市开办了女子学校。接下来就是中国人觉得中国的孩子应该由中国人自己来教育，在上海，到 1898 年，戊戌变法之前，也开办了一所女子学校，叫做"中国女学堂"，是 1898 年 5 月开办的。中国办了第一所女子学校之后，就有很多仿效者，以后不仅在沿海城市，在内地，甚至包括北京都陆续开办了女学堂。但是，这个女学堂是民间所办，就是说没有得到政府的许可，政府也没有女子教育的管理办法。所以，基本上说女学堂在晚清，在 1937 年 3 月之前不是合法的存在，政府地方官没有保护它的义务，也没有这个责任。但是，这样的一个情况下，还是有很多的女学堂接连地开办，在这之中，我觉得惠兴女士的事件是起了一个促进的作用。

下面我讲一下惠兴女士办学的情况。我前面讲的这些女学堂很多，基本上都是由汉族有识之士开办的。当时在杭州 1904 年的时候也办了一些民间的学校。也有一些满族的女子在杭州，她们也想受教育，就到汉人开办的学校去报名，要求入学。结果这个学校因为受当时民族主义的影响，认为满族女子非我族类，不接受她们入学。于是这个叫惠兴的满族女士，受了刺激，因此到 1904 年阴历六月，她就筹办了一所女子学校。这个女子学校是专门在当时驻防军的驻地附近开办，主要是收满族的女子，同时也宣布接收汉人女子入学。这个学校在1904年阴历六月开了一个比较大的筹备会，请了当地的一些有名的人士来参加讨论。在会议上惠兴做了一个惊人之举，她把她的袖子挽起来，拿刀当众在手臂上割下一块肉，说：今天是我们学校成立的日子，我以我的血作为纪念，如果这个女学堂将来被迫终止，办不下去了，我一定要以身殉学，是一定要自杀的。

　　这是1904年阴历六月的事，到了阴历九月份，这个学校正式开张了。因为当时是依靠各界的捐款（捐款主要也是出自满人），捐款有限，惠兴自己家里面也并不太富裕，尽管她把所有的家资都拿来办学，但是这个学校也只是维持了一年多，到了1905年阳历12月，学校已经办不下去了，没有钱了。惠兴就非常着急，她必须要给学校筹集一项常年经费，确保每年有一笔固定的金额入账，才能保证这个学校一直开办下去。为了能够得到政府的支持，能够得到常年经费，她就真的实践了她当时的宣言，就是要自杀。自杀之前她写了八封遗书，是写给她的朋友，还有跟学堂有点关系的人，包括杭州将军，就是当时驻防军的最高首领，希望他们来关照这个学校，能够给这个学校经费，使它能够维持下去。还有给学生的遗书。写完八封遗书，她就服毒自杀了。后来她被家里人发现，抢救不及。她最后的遗言是：我的遗书呈报上去以后，学校的常年经费就有了。她认为这是可以得到常年经费的办法。

　　她死的这年是1905年12月21日。惠兴死了以后，当时在南北的报纸上都有报道，对她的以身殉学各方面的反应不一。相对来说，她的自杀在满人中引起了巨大的反响，很多满人来祭悼惠兴，主题就是通过惠兴的自杀，刺激满人，使得满人振兴自己的民族精神,实际上就是挽救清朝政府衰落的命运,这是他们祭悼的主题。从汉人角度讲,南方和北方反应也不一致。在南方,从清朝的历史来说,清朝开国的时候,在南方是进行了大规模的屠杀,很多记载,尤其让汉人印象深刻的,就是所谓"嘉定三屠"、"扬州十日",这都是有书记载的,流传很广。所以,在南方的汉人中有非常强烈的历史记忆。因此,到晚清民族主义传入以后,南方就成为一个民族主义的据点。惠兴之死虽然在满人里面有很大的反响,但是南方的汉人恰恰因为这一点,对惠兴的死其实是相当的冷漠,没有很大的反应。北京就不一样了,吴三桂进入北京,是打着为崇祯皇帝复仇的旗号,是和平进入,没有杀伐,所以相对来说,北方的民众与清政府的关系没有南方那么紧张。因此,"惠兴之死"在北京和天津这一带激起了很大的反响,这就是我们后面讲到的关于惠兴之死所引起的一系列的故事,还有《惠兴女士传》在其中所发生的作用。这是我简单介绍的第一部分内容,就是"惠兴殉学事件"。

关于惠兴自杀事件的详细的解读,在我的《晚清女性与近代中国》一书中,有一章就是专门讨论"惠兴之死"的,题目是"晚清女学中的满汉矛盾",是讨论女子教育的。晚清女子教育里面的满汉矛盾,大家有兴趣可以看。这是我的一个引子。

我下面讲的第二部分就是田际云其人,要介绍一下戏曲演员——《惠兴女士传》的主演——他的大致情况。田际云是晚清一个非常有名的梆子戏演员,艺名叫"想九霄",现在我们不太知道他,但是如果看过《梅兰芳文集》,其中回忆辛亥革命时期的一些演员的情况,就讲到田际云。他在晚清的梆子戏里面主要是以演花旦而著名,可以说是当时最好的花旦演员。他12岁开始学戏,15岁就被重金聘请到上海演出。

当时在上海演出名以后，就可以在全国有很高的知名度。果然他在上海就非常受追捧。当时有一个很有名的文人叫王韬，我想很多人都知道他的名字。在田际云到上海演出的时候，王韬不仅去观看，有人还说他每天都去看，只要田际云演出，他就场场不落地看。他还送了田际云三首诗作为鼓励，对他非常地称赞。当时的人讲田际云的花旦之所以受欢迎，主要是因为他扮相俊美，而且声音清脆，和一般梆子戏演员的那种粗俗不一样，说他非常雅致，所以很得文人票友的欢心。

田际云到上海演出以后，因为出了名，后来又回到北京。这次回来，他就跟最初十二、三岁来北京的时候不一样了，据说当时上至王宫贵族，下至车夫走卒，都以能与田际云见一面、跟他说一句话为无上的荣光，可见他的名气是非常大的。在1887年的时候，田际云就组织了自己的戏班子。他又率领他的戏班子再次来到上海，希望获得更好的声誉。可是，这次到上海的演出，一开始是碰到一点挫折的。但是田际云这个演员和其他演员不一样，我们应该特别介绍一下。田际云在当时人的印象里面，被认为有两个特点：一个特点是他头脑敏锐，思想新颖；另外一个特点就是说他交友广众，各界人士都认识。这两个特点不只是在他的演艺活动里面表现出来，后来在他的一些政治、社会活动方面也有表现。

1887年他第二次去上海，一开始他的演出不怎么受欢迎，赔了好多钱。但是他头脑很快，马上开始改排新戏，其中重要的一出戏叫做《斗牛宫》。田际云扮九天仙女，他扮相俊美，在这出戏里得到了充分的体现，《京剧二百年之历史》评价这是他最得意的一出戏，叫做"得意剧中之得意剧"，说他的容姿之美，九天仙女也超不过他，他演活了这个九天仙女，所以得到了"想九霄"这样的艺名。这是从京剧历史中看到

195

的记载。其实当时所谓京剧历史，是把梆子戏演员包括进来叙述的。历史记述中强调田际云扮相的俊美，但从当时人的记述——上海的笔记里来看，我们也可以看到，当时上海人对这个戏最关注的地方就是它的灯彩技艺。这个戏里面用了花灯，这在上海的戏曲舞台上是一个新的艺术形式。所以，它在当时上海追新的观众里面大受欢迎。这个戏使国际云在上海不仅站稳了脚跟，也赢得了更高的声誉。

当时在晚清，本来是昆曲的天下，京剧也已经开始在上海、北京很有市场了，像梆子戏这种后出的戏（不是说历史上后出，而是说它能够受欢迎，相对来说比较晚一点）想挤占戏剧舞台，挤占戏剧发展的空间，它最初是要依附于京戏的，就是在京戏演出的时候串点儿梆子戏，这样当时的观众才接受。但是，后来因为有些著名的演员，比如田际云之前还有一个叫侯俊山的，这些演员为梆子戏争得了地位。所以，到上海演出一段时间以后，可以说上海的戏曲风气也发生了变化，梆子戏竟然有后来居上的趋势，有些人更喜欢看梆子戏了。喜欢梆子戏的人认为梆子戏的优点是它唱起来声音高亢、悲壮，非常感人；不喜欢梆子戏的人就认为这个剧种非常鄙俗、嘈杂。由于梆子戏是一种高腔，它的高亢就会被认为是嘈杂，也被认为是没有文静之趣，所以文人、士大夫有的是不喜欢看梆子戏的。

但是，不管怎么说，田际云在上海和北京的演出都是大获成功的。到1891年，就是光绪十七年，田际云回到北京就组了自己的剧团，这个剧团就是后来非常有名的"玉成班"。他这个"玉成班"也是很有特点，我们说他的思想新、头脑灵活也表现在这儿。这不只是梆子戏的一个戏班，同时京剧演员也加入了跟他同台演戏，所以也开创了京剧和梆子同台合演的先例。这个是他在戏曲演出中的善于创新的体现。

另外,从政治表现来看,田际云的思想新颖,在戊戌变法时期就有表现。戊戌变法的时候,田际云当时是作为戏曲界的组织"精忠庙"的庙首。大家看梅兰芳先生的《舞台生涯四十年》就可以知道,当时京剧界梨园行的组织叫"精忠庙",庙首就等于戏曲界的领袖,田际云在戊戌变法之前就已经坐到了这个位置,可以想见他在戏曲界的地位之高。同时他也是内廷供奉,就是经常到宫中去演出。他在政治立场上是同情维新派的,跟康有为、梁启超都有往来,而且据梅兰芳先生回忆,田际云当时经常在戏箱里面夹带一些时事新书,带给光绪皇帝,还曾经带军服给光绪。所以,在皇帝和维新派之间,他可以说担任了一种联络的工作。戊戌政变发生后,田际云因为和新党的关系密切,受到了牵连,仓皇逃到上海避难。因为西太后喜欢看他的戏,就特赦他回来,他继续做内廷供奉,在宫中演戏。在这之后,田际云还不断编演新戏,而且他的新戏演出都可以引起轰动。到了 1911 年,田际云因为请一个新剧团,这个新剧团里面的一些成员是革命党,而被清廷认为他暗中勾结革命党,编演新戏,辱骂官僚,以这个罪名把他关了 100 天。从他在戊戌变法中的表现,以及和所谓革命党暗通来看,田际云在当时戏曲界是思想很先进的人物。

在社会改良方面,田际云也有很多的作为。在 1909 年的时候,他首先提出要废除"私寓"。私寓也叫"堂子",说起来就是戏曲演员的家,也是娱乐场所。这样的一种制度,在以前的戏曲界比较流行。所以,田际云在 1909 年的时候首先倡议取消这样一种制度。他在北京召开了一个各戏班参加的代表大会,最后决定凡是戏曲演员,他们有这方面应酬的,就不准再在戏台上演出。这毕竟是一个行业间的约束,也不一定对所有人有效,所以到民国以后,田际云继续请愿要求禁止"私寓",得到政府的支持。同时,他不仅是在男演员中废止"私寓"，也提出要废止女演员兼营娼业，就是废止女演员跟娼妓有关的行为，这个也得到了政府的支持。所以，后来历史学家称赞田际云是把200年来社会不良的制度，一举而廓清，认为他废除"私寓"，是提高了演员的社会地位，恢复了演员的人权、人格，是对社会风气的改良，甚至把他的废除私寓的功劳和林肯解放黑奴的功劳相提并论，可见对他的评价之高。

这是从社会改良方面讲的，到民国以后，这方面的工作田际云还继续在做。因为当时，我们刚才说的"精忠庙"这个行业组织到民国的时候已经涣散了，所以他又发起成立了"正乐育化会"，经过大家的公选，由谭鑫培做会长，副会长就由田际云来担任。这个协会以戏曲改革为宗旨，它的成立和民国的成立都同样具有一种新的气象。而且田际云不只是在社会改良方面有很大的推动作用，他在政治上也应该说是相当的活跃。到民国以后，他曾经作为戏剧界的代表，当选为议会议员，是直隶省议员。当时据说袁世凯有这样的话，如果田际云可以做议员，那谭鑫培就可以做大总统。因为谭鑫培是正会长，比他的声望更高。可以看出，他的政治地位和一般的戏剧演员是不一样的，所以《中国大百科全书》评价他是戏剧活动家。这是田际云政治上的一些情况。

到晚年，应该说田际云的演艺精力都不能和他兴盛的时期相比，而恰恰这个时候女演员已经进入北京演出，特别是梆子戏的花旦由年轻的女孩子来演，效果特别好，特别受欢迎，这对田际云来说也造成了一种压力。所以，田际云一开始的时候，对这个事情有抵触，他曾经要求政府禁止男女演员同台演出，说是有伤风化，实际上我认为他是从他个人生计考虑。后来分开演以后，女子也演生角，反而更受欢迎。田际云看到这是大势所趋，是阻挡不了的，他的头脑也很灵活,思想也很新颖,就转过来了,就办了"崇雅社",办了女演员培训班来培养女演员。这个事情表现出田际云在戏曲演出上和戏曲演员的培养上都是有魄力的。办女演员的培训班,就是由他最先开始的。

当时戏曲界对田际云的评价,有正面的,也有负面的。从负面角度讲,有的人对他的行为很看不惯,觉得他演的一些新戏完全是哗众取宠、为了讨巧。田际云中年以后,人长得比较臃肿,演艺也不那么好了。于是有人说他是为了弥补自己艺术上的缺陷,像他这样工于心计的人才开始编制新剧,靠他新戏的演出获得一时的欢迎,这是对他的负面评价,当然这里面有一种成见。但是,这种评价还是揭示出田际云在晚清、在新戏改革或者是戏曲改良中是一位不容忽视的人物。而正面的评价,我们想引梅兰芳先生的说法。梅兰芳认为田际云是一位勇于改革社会旧习、有胆有识、不畏强权的先进人物。对他的评价很高。所以,我们所讲的田际云在晚清时期从编演新戏到他对社会改良起的作用,从上述这些方面都可以看的出来。

第三部分,我要讲的就是《北京女报》的倡议。我是想说明一下,新戏的演出是不能离开报界的支持的。在以前中国是没有给民间阅读的报纸的,只有所谓邸报,邸报都是一些皇帝的指示、大臣的奏折,只是在官员之间流通,不是面向大众。真正的现代化的报刊是晚清开始创办的,最初是传教士办,后来就是中国人自己办,从香港开始办,就是刚才我们讲的王韬在香港办《循环日报》,那应该是 1876 年,后来逐渐在内地也有很多的民营报纸创刊。这些民营报纸对鼓动社会舆论、倡导新思想都起了非常大的作用。我这里所介绍的《北京女报》也属于这一类的新兴媒体。《北京女报》于 1905 年 8 月在北京创刊,它期待的读者主要是女性,同时应该说也有不少男性在阅读这份报纸。它和此前在南方已经在办的一些女子报刊不一样，是一份日报，这个非常少见。在我接触到的晚清妇女的报刊中，这大概是唯一一份日报，而且至少办了4年，目前我们能够看到的就是第四年的报纸。这份报纸的创办人叫张毓书，字展云，一般通称张展云。他办这份报纸最主要是为了提倡和推进女子教育，这在他的《创设〈北京女报〉缘起》的文章里已经讲得很清楚了。他一开头就说，中国女子教育的衰落已经是几千年了，"女子无才便是德"这句话是误尽苍生，使我们中国二万万妇女囚禁在黑暗的世界。所以现在要打破黑暗世界，给妇女界带来光明。那么怎么办呢？就是提倡让女子进学堂读书。而且他说，在中国目前的形势下，必须要尽快地办女子学堂。他说，"地球文明各国竞言女权"，世界各国都在强调女子的权利。"女权"这个词在我的记忆里，好像20世纪80年代以后才开始进入中国，其实我重新去读晚清的文献，发现在晚清时期，"女权"已经是非常流行的词，好像我们中间有几十年忘了这个词。张展云认为，女权的基础就是女子教育，就是女学堂。所以，他说他办这个报纸是以开女智为宗旨，开通女子的智慧，让女子能够上学受教育，办报的目的就是推动女学堂的建立。

这份报纸是在1905年8月创办，也不过是4个多月就有了惠兴女士自杀的事件。刚才我们讲惠兴自杀是1905年12月21日。8月开办这个报纸，到12月就遇到了这样一件事情。这件事情在一个提倡女子教育的报纸的编辑来看，是不能放过的一个很好的新闻话题，因为这个话题和他开办报纸的宗旨非常相合。当然，从事情的缘起，就是他为什么知道这件事情，好像有点偶然，但是实际上从他的办报宗旨来说，《北京女报》成为这个事件中一个重要的力量，推动北京新戏的演出、为杭州的学校捐款，应该说是有一个前因在里面。

张展云在北京一个朋友那儿，偶然看到一份关于惠兴女士为兴女学殉身的事迹的简单介绍。这个事迹是谁写的呢？就是后来惠兴所办的这个学校的继承人，叫贵林。贵林也是一个满族人，在惠兴死了以后他受惠兴之托出面继续维持这个学校，也是想办法四处筹款，后来也曾经到北京。在惠兴死了以后，他做的第一件事情，就是把惠兴的事迹写成了一个类似新闻报道式的稿子，在很多地方投送。我们可以看到当时上海的《申报》所发布的关于惠兴的新闻报道，完全就是与贵林后来在他们自己的报纸《惠兴女学报》上刊登的事迹文字完全相同，所以我们可以看出，上海《申报》所发的稿子就是贵林写的。这个报道到了北京，正好被《北京女报》的主笔张展云看到了。看了以后他非常感动，据说是一边看一边哭，回来以后就写了许多文章，最重要的一篇就是用白话介绍惠兴女士的事迹。他说他看了这个报道以后哭了一夜，大概列位看见那张报的也必盼了一夜，因为他前一天刚把惠兴的事迹大致说了一下，并预告说下期要讲惠兴的故事，由此他猜测说，你们这些读者可能也盼了一夜，盼我今天演说惠兴女士的事迹吧。可是他说我只顾哭了，字都写不上来了，如今一边哭一边写，列位别笑话我，也帮着我哭哭她吧。这个《北京女报》我还忘了介绍，因为它是面向北京的女子，而且是面向下层，所以是用白话来写作。白话报纸其实也不是"五四"以后才出现，晚清已经很多了。它的读者定位都是向下层民众或者女性，认为女子教育程度不高，如果不能够看这个报，有人念念也能听懂，如果是文言文，念了也听不懂，这是他们当时的一个考虑。所以，我们从这个话也可以看出来张展云用白话编写惠兴事迹的时候，确实是动了感情。再加上他用的白话文的笔调，很能够如实地传达出他的情感。

因此，这篇文章也很能打动容易激动的北方人。

　　而且张展云的目的并不是只为让你感动，他是要正面地揭示惠兴自杀的意义。他说，中国女学界有惠兴女士，不但二万万女子借她吐气，连整个中国也借她增光。中国的女子教育界里有这样一位不为个人名节，而是为了教育，为了女子的教育而自杀，这是中国从古以来没有的，因此全中国都因为惠兴女士的事迹而增光。这样一个表彰表现出张展云从《北京女报》推进女子教育的立场出发，对惠兴事迹意义有一个非常敏锐的认识。并且，他不只在报纸上鼓吹，同时还要举办一系列纪念活动。他和杭州的贵林联络，要为惠兴在北京开一个追悼大会，就是公祭惠兴的一个纪念会。这个纪念会在 1906 年 1 月 31 日在陶然亭召开，出面主持的是张展云的母亲(张展云的母亲是《北京女报》名义上的经理，意思就是，既然这个报纸是女报，就应该由女子来办。其实张展云的母亲并不管事，只是挂名，实际的事情都是张展云在做)，当时去的人都是在北京女学界很有名望的一些人，因为当时北京已经有一些女子学校了。到了两天以后，即 2 月 2 日，在北京一个女子学校里面开了一个更大规模的惠兴公祭大会，参加的有四五百人，在现在也是相当高规格的一个纪念会了。人们送了很多纪念挽联，这个活动搞得轰轰烈烈。不只是搞活动，最主要的目的其实是要落实到捐款上面，因为贞文女学堂，就是惠兴所办的女学校，最缺的就是经费，张展云也认为他搞纪念活动的最终目的也是要帮助贞文女学堂筹款。经过他的提倡，有很多人开始踊跃为贞文女学堂捐款。但是，实际上我们看到当时的所谓踊跃捐款，其捐款的数额和人数都是非常的有限，只有两位女士和《北京女报》各捐了 3 块钱，总共是 9 块大洋，距离常年经费这个数额太悬殊。

张展云也看到只开纪念大会是没有用的,他就又开始想办法。1906 年 2 月 28 日《京话日报》发布了一条消息。这个《京话日报》也值得介绍一下,这也是非常重要的晚清的北京报纸,是由彭翼仲主编的,也是一份用白话写作的报纸。《京话日报》发出的消息说,《北京女报》的张展云找了两个人商量了一个特别的办法,打算按照日本妇女慈善会的做法,希望演三天戏,这三天的戏只让女客来听,不卖男客的票,把收来的票款全部送到杭州,给贞文女学堂做办学的经费。这个主意当然是一个非常高明的主意,比只是开纪念会好。纪念会当然也是对惠兴事迹的宣扬,但是落到实处还是不能解决捐款的问题。接着,张展云在他的报纸上就此问题做了一个宣告,他在一篇文章叫《替杭州贞文女学堂筹款的法子》中提到,惠兴的死和以前女子的死不一样,以前女子的死是成全个人的名节,表彰一下就完了,惠兴的死是为了学校而死,她死了这个事情并没有完,要完成惠兴的遗愿,需要我们这些活着的人的努力。他说,虽然我们开了追悼会,但追悼会主要是表表爱戴的心,对惠兴的死并没有实际的益处,捐款的数目又太少,巴掌大遮不过天来,所以,他跟他母亲商量,想出这么一个捐款的办法,要请几个戏曲界的热心人物唱几天堂会戏,将演出的票款捐出帮助这个学校。

　　这个主意是很好,可是要把这个主意落实下来,实现这个演出的计划,还得靠戏曲界的热心人。在这个时候,田际云就应时出场了。刚才我们讲到,张展云跟他的两个朋友商量找戏曲界的热心人做这个事情,这两个人就去找了田际云,因为田际云当时是戏曲界的领袖,地位很高,而且热心公益,思想也新。田际云果然毫不推让。我们还找到了他的一篇文字,这个很难得。在《京话日报》上有一篇田际云在演出结束后给各位捐善款的人道谢的演说文字,他讲了他答应做这个事的原委。他说,惠兴女士本来是杭州驻防的旗人,是一个满族人。在杭州驻军,与我们梨园毫不相关,和我们北京的演员也没有关系。但是,他想到惠兴女士因学殉身,为了办学校而自杀,实为中国少有的事,更是中国很有面子的一个事。他说我们行业虽微(戏曲界在晚清还是没有什么社会地位的),但是敬重侠烈的热心跟士大夫没有两样,从敬重英烈行为的想法来说,他也要支持这个事。张展云对此非常高兴,称赞田际云是见义勇为、当仁不让。让张展云更高兴的是,田际云不仅自己的演出不收费,而且他还出面邀请戏曲界著名的演员,让大家都来尽义务,来演这个义务戏,白唱三天。有了田际云的支持,张展云觉得这个事情就能够办成功了。张展云赶快把田际云的话也在他的报纸上传达出来,用田际云的事情来教育那些女性,意在说明,惠兴女士的死本来跟戏曲界没有关系,但是人家很尽义务,那么女同胞们就更应该热心赞成。张展云用这样的方法鼓励女同胞买票看戏,主要也不是为了看戏,而是希望她们以此表示对贞文女学堂的支持。

田际云的热心也得到了《京话日报》的表扬,《京话日报》上也有很多的文字夸赞田际云。《京话日报》的彭翼仲也像张展云的《北京女报》一样宣称,请了这么多的名角儿,这三天的戏一定格外好看,鼓动女子们赶快去看戏。另外,他还指出,你们这些人来听戏,不仅是听了好戏,还可以成全惠兴女士的苦心,以感动女子们的向学之心。他们想把活动的意义进一步发挥,不只是能够完成惠兴的遗志,而且希望能够让其他的人都来努力向学,这个意义是非同小可的。这个演出最初计划是在1906年3月18日开始,连续演三天,最初定的地点就是现在还在演戏的湖广会馆;后来延期到3月29日才开始,加上4月2日,4月5日,演了三天,地点改到了前门外打磨厂的福寿堂。打磨场现在已经没有了，原来是北京很有名的一条街。福寿堂是一个大饭庄，饭庄里也是可以演戏的。这个改变是有目的的，我们后面再讲。当时这个演出也是不能随便进行的，即使是个义务戏，但是有这么多女子在一起看戏，这在当时也是要经过特别批准的。主办方在得到了巡警部的批准以后才发布出来，以"妇女匡学会"为名发表了一个演戏小启，就是宣告演戏，通知这个事情。讲到办"妇女匡学会"的宗旨，他说，因为惠兴是为了学校的经费自杀，所以我们希望能够代替她完成这个筹款的目的，演戏三天，专卖女士的票等等。这主要是为了继承惠兴的遗志筹款，以维持贞文女学堂。事实上，"妇女匡学会"的成立和这个演戏活动的开展，后来在很多的方面都超过了最初的限制，有更广泛的意义，这个我们后面都会再讲。

下面，简单总结一下这一节，就是我开始强调说的，报界在制造舆论、传播新思想方面，在晚清社会中有很大的影响。从《北京女报》到《京话日报》都可以看出来，"妇女匡学会"和演戏活动的进行从宣传声势的制造和意义的提升方面，都离不开报纸的推扬。不只是刚才我们提到的两家报纸，还有北京和天津的一些报纸，比如《顺天时报》，还有著名的《大公报》都在这个方面有很多的报道，以极高的热情连续关注这个事件，而且这些报纸之间都是互相呼应的，在引导北京的舆论方面，产生了巨大的作用。所以，我说除了戏曲演员出色的表现之外，北京报界同仁们的表现也是同样的精彩。这个是我讲的第三节。

第四节，要讲的是《惠兴女士传》的编演。这里主要是想介绍一下《惠兴女士传》这个剧本本身的演出情况。刚才我们讲到这个演出是推迟了几天，推迟的主要的原因其实是因为要编演《惠兴女士传》这样一出新戏。实际上张展云最初

205

找田际云商量的时候,他的想法比较简单,就是找一些名角儿演一些名戏,足以召集观众、获得票款即可。但是,田际云头脑敏锐、思想新颖,他觉得只是搬演旧戏没意思,最好是把惠兴的事迹直接搬到舞台上演出,这样更能打动观众。这就是《惠兴女士传》演出的原因。张展云听了田际云的主意,听说他要编演新戏非常高兴,专门写了一篇文章叫《好文明的田际云》。那个时候"文明"是一个好词,刚刚从国外输入,也用在田际云身上,说"好文明的田际云"。张展云又找了一个叫董竹荪的人,请他去与田际云商量演戏的事。田际云就与董竹荪商量,想把惠兴女士的历史和她死后的事情搬在舞台上编一出新戏,在"妇女匡学会"开会那一天演出来。当然,

我们可以想象得到,编演新戏,而且这个情节与捐款的对象有关,让你钱花得明白,并受一番感动,当然比看不关痛痒的旧戏的效果更好,更能催人泪下。所以,他很快就开始运作,时间的安排就必须向后延期。这是义演延期的一个考虑。

另外,这次义演中还需要一些旧戏的配合。因为虽然有新戏的上演,但新戏不可能演出时间很长。义演要分三天来演,旧戏还是更大的部分。在旧戏剧目的挑选上,当时也有议论,认为应该有选择,不能什么戏都上。这里面意见最有代表性的是一位女士,叫张春漪,她是很有名的学者梁漱溟的母亲,当时也是女学堂的教员。她也很关注这个事情,觉得要演旧戏,在剧目方面一定要慎重。她就给张展云写了一封信,称赞他想出的义演的法子是一个绝妙的法子,非常有可行性。同时,她也提醒他,这个演出捐款当然是最要紧的,但是也应该让大家能够受到正面的教育,能够激发出爱国兴学的热心。她说中国女学发达就从这儿开始,认为这次机会万不可失。既然这次演出这么重要,是有关中国女子教育的前途的,所以她认为所有的戏目一定要请田际云斟酌。她说

不管是文戏、武戏、中间戏、玩笑戏都可以，切忌莫要唱鬼神妖怪这样的戏，因为中国女子知识不开通，第一就要破迷信。这是晚清一个常见的话题，认为破除迷信，女子是一个最重要的部分，认为女子的迷信比男子更厉害，整天在家里面烧香念佛，有碍于中国的进化。进步人士认为，凡事总要靠自己的智勇才能行，不要靠神仙来搭救你，在中国和各国竞争的时代，如果总是相信神仙、相信鬼怪、相信有人来救你，不自己去努力，你这个国家就会衰落，就会被人欺负。所以张春漪特意强调，不能演鬼怪迷信的戏。她的这个建议在后来的剧目挑选中是起到了一定作用的，后来"妇女匡学会"的演戏规则里面就讲到，他们三天所演的戏都是经过公巡总局批准的，他们把戏单都抄给了政府机关，经过批准的，都是光明

正大的戏，凡是有伤风化的戏一概都不演。从这个情况可以看出，既使是演出旧戏，在他们来说也是经过了精心挑选的。

从新戏的编制来说，田际云在戏曲界本来就是以脚本作者而著称的，就是说他自己善于写剧本。现在我们看到的《惠兴女士传》的剧本虽然不全（原本是四本，我现在看到的不到两本，到第二本的第十七折，差不多只有将近一半），但是它有署名，署名就是题"田际云排"。这个戏是田际云排演，董竹荪改的。这个题名也说明田际云在这出戏的排演中起到了主要的作用。我们说惠兴女士的事迹之所以被田际云看中改编成一个戏曲，主要是因为惠兴自杀这个事件本身也足够壮烈。张展云曾经这样讲，一个事件如果可以编演成戏，一定是要有非常的故事，一定要有特别的情节。他说，我想要像惠兴女士这样的，戏上哪一个青衫子也跟不上她好。这很北京话了，实际上就是说惠兴女士的事迹虽然是现实中的真实的人物故事，但是她的故事、事迹本身的精彩程度已经超过了舞台上能够演的情节。所谓青衫子就是指戏曲的

207

青衣,惠兴是一个中年妇女,就应该由青衣来扮演了。所以,既然这么有戏剧情节、戏剧性,只要编剧者略加点染,情节就一定能感动人。何况这个时候是田际云的艺术高峰期,他又善于表演,应该很能够打动观众。

从戏曲的改编来看,他们所根据的只是一个事迹节略,就是惠兴自杀的一个很简单的记述,要把它排成一个连唱三天的大戏,就一定要增加一些内容。在传统的戏曲演出中,增添也是必不可少的。《惠兴女士传》后来在北京不断地演出,到了1907年5月演出的时候,贵林,就是贞文女学堂后来的接办人,他也到北京来看这个演出,看演出的时候,还让他到戏台上发表演说。他发表的演说中对这个戏有一个评论,他说,兄弟观今天所演之戏,与事实已有八分合拍。他觉得大部分还是跟惠兴的事迹相符合的。但是随后他又讲了一句话说,以后我还要把事情的真实经过跟张展云和田际云两位再仔细讲讲,让他们设法改良,就是说这里面有不少的情节,或者起码有一部分情节在他看来是不符合事实,和事实有出入。这种事实出入其实是难免的,因为他们都不认识惠兴,只是通过一个简单的介绍,再加上出于戏曲演出情节的需要,有所增添,而这个增添的部分其实很大程度上是为了感动观众。比如戏里面有一个情节,剧本里编了一个人物,是一个很守旧、很顽固的人,绰号叫"白识字",意思是影射他虽然认得字,但却是白认得了,不开通。这个"白识字"有一个少爷叫"白吃猴",整天混吃混喝的不干正事。"白吃猴"听说惠兴女士得了一点捐款,家里又卖了东西,筹了一笔款子,准备办学校,他就去偷了这笔钱。惠兴女士非常着急,本来学校要开办了,突然好不容易筹措的钱被人偷了,她就让她的叔叔(因为她一个女子不能直接进衙门)去衙门里递一个禀帖,希望得到政府的支持。结果门卫不让她进去,还嘲讽了她一顿，说她年纪轻轻的就想着发财。这个情节表现出惠兴女士的委屈，为了办学受尽了冤屈，也非常的气愤。这段演出其实完全是无中生有，惠兴的捐款从来没有被人偷走，但是它跟当时的现实也有契合，就是惠兴为了办学校，确实是家财散尽，最后据说一个铜脸盆都拿去卖掉了，家里面任何一点值钱的东西她都投入到了学校的建设中来，她为了办学把自己的家当都贴进去了。另外，在晚清社会里，你要是去衙门里面办事，首先要打点门丁，你没有钱给他，他不会回禀，这也是事实。田际云他们就把一些生活中可能发生但其实又没有发生的事情，糅合在一起，变成了舞台上的情节，演出效果就非常好。演到这儿观众都大哭，说看见这恶奴和惠兴女士作对的情形，真是觉得没有好人走的道了。因此，就感伤，就痛哭，哭的不仅是在座看戏的女子，也包括在"匡学会"帮忙的那些男士。从这个地方就可以看出来，编戏的人即使是无中生有，即使是有意虚构，也还是能够达到感动观众的目的的。

当然，田际云排演这样一出新戏，并不只是要达到催人泪下的目的，也不只是为了让大家出钱来替惠兴女子学校捐款，其实他还有正面宣扬女子教育的重要性的目的。我们在戏文里面就可以看到，剧中专门设计了一场戏，就是惠兴和顽固守旧的乡绅"白识字"的辩论。因为惠兴请了一些乡绅来支持，这个"白识字"就冷嘲热讽地说了一顿，认为女子就不应该读书。惠兴在辩论的时候，一上场念了两句上场词："我发明新思想，废却旧文章"，可见惠兴也是有新思想的。然后她就讲了一番，要办学堂，取代书院，女子教育不能够再延缓等等之类的道理。她这个道理也是用当时通行的一些国家主义的思想来表述的，说我们中国人就坏在没有国家思想，这是剧本里的话，又坏在不讲求实业。当时也有一个潮流是要开展女子职业教育,认为女子在社会上独立,必须有自己的收入,不能只靠男子。那怎么办呢？就应该给女子一技之长,开办很多的手工学校,教女子做衣服、刺绣等等。所以惠兴说,为今之计,必须要早立学堂,教给她们这个普通的知识,要知道要是国家亡了,自己的身家性命也不能够保存;如果打算自己活在这个世上,就先要国家盛强。这是惠兴对观众的一个演说,实际上在剧情里是来批驳"白识字"的保守论调的。我觉得田际云对惠兴的把握,还是相当准确的,他塑造的惠兴的思想和南方很多办学校的思想不一样。南方民间很多办学校的人,像蔡元培在上海办"爱国女学校",是要培养刺客的,是要实行革命的,他办学还教女子怎么做炸弹,去刺杀清政府的官员,这个办学目的是不一样的。惠兴办学校,其实是有为满族人自强来考虑的目的。田际云对她的思想也没有拔高,他始终把惠兴定义在一个爱国女子的身份之上。所谓爱国女子,在惠兴来说也脱离不了"忠君"的色彩,她说我们旗人受皇上的恩典多年,总要烧尽寸心,也是本身的义务;皇上对我们有恩,我们就要尽自己的义务,就是将家产花尽也没有关系,她也要成立这所学堂。这就是暗示了惠兴办学是为了国家,其实更是为了报皇帝之恩的思想根源。这样来表演惠兴,虽然她的形象不够高大,但是合情合理,演出的情形也符合当时北京的政治、文化氛围。如果演像蔡元培那样办女子学校,把这个情节搬到舞台上是没有可能性的,也是超出了田际云的思想境界的。

再谈谈演出的情况。《惠兴女士传》是一个时事新戏,把刚刚发生的事情搬到舞台上演,很吸引人。它也用了时装,这个主要是在演贞文女学堂开学这场戏里面。当时选了十个小孩,让她们穿上文明装束。所谓文明装束就是女学生的服装,女学生的服装在当时很时髦,上海的女学生走在街上也是一道耀眼的风景线,她们的服装虽然很朴素,但是有特点。所以,戏中的孩子们也穿了文明装束,就是女学生的服装。演出时,田际云扮演的惠兴女士也讲了一番女子应该受教育的道理,同时他也把关于"国民捐"的问题放进来讲了一讲。我这里也简单交待一下"国民捐"。因为庚子赔款是4.5亿银两,当时在北京,1906年的时候,有一个照相馆的老板叫王子贞——等会儿还会提到这个人——提出来发起一个倡议,说由国民代还赔款,减轻国家负担,说这4.5亿,一人一两银子就还完了。这个就叫"国民捐",当时也很热闹。正好这个"国民捐"也在宣传的热头上,这个新戏《惠兴女士传》也把"国民捐"的事情插进来了,实际上和惠兴是不相干的。这个演出的时候,田际云扮演的惠兴女士在开学时讲了一番女子要振兴的道理和国民捐是我们的义务。然后就由每个学生(10个上场的学生)每人唱了一首爱国歌曲,开学典礼就结束了。可是实际上我们去看那个剧本,剧本在这儿非常简单,既没有"国民捐",也没有惠兴的演说,就是讲了10名学生上场都拜见惠兴,一一通报自己的姓名和年龄,惠兴就要他的儿子宣读一下学堂的章程,读完后就散学了,跟现场演出的情况不一样。所以,我们所能读到的剧本,还是不能完全反映出现场演出的情况,还要结合当时报纸的报道才可以知道演出中增加了哪些情节。这种增加呢,当然就可以受到当时观众的欢迎,因为能够和时事联系起来。

《惠兴女士传》的演出是晚清戏曲改良的一个成果。在当时的报纸上有很多对于演出的评述,其中有一个评述,就是我们刚才说的《顺天时报》,这是一个在北京的报纸,影响很大,主要是学界中人在看,但其实它是一份日本人办的报纸,因为在北京地区发行,它的言论相对来说比较大胆。在《惠兴女士传》专门为了"国民捐"而举办的第二次演出时

（1906 年 5 月），《顺天时报》上就发表了一篇社论，叫作《请再看重演《惠兴女士传》文明新戏》。社论号召大家去看《惠兴女士传》，劝学界的人去看。为什么学界的人看有好处呢？学界的人看办学的新戏，当然是能够激发学习的热情，同时也有助于促进学生的爱国、爱种（黄种）的思潮，就会为中国振兴努力地做准备。社论认为，新戏的演出有助于中国富强，将会成为一个推动力。对《惠兴女士传》的如此表彰，实际上已超出了"妇女匡学会"原来设定的只是为贞文女学堂募捐的比较狭隘的目的，已经是把新戏的演出提高为启蒙、要强国强种的高度上来认识了。另外，社论中还谈到，新戏和旧戏也可以展开竞争，通过文明竞争来生存，如果新戏能够招引观众，旧戏就必然衰落。比如北京有 7 家戏园，如果每家都演新戏，就可以让风气开通、民智发达。这是《顺天时报》对《惠兴女士传》演出的一个评论。另外《大公报》也有一个评论，主要是对《惠兴女士传》的民众感化力的强劲与快速大加称赞。该评论指出，戏曲演出为什么动人，因为它能够让你身临其境，你好像就是亲身在这个场景里出现了，你能够体会到惠兴的所思所想。所以，戏曲化人是最容易的。这就是为什么在北京地区和南方不一样，南方主要是靠报纸和演说来进行宣传（报刊力量更大一些），在北京可能民众相对的识字率稍低一些，所以演说和演出，比如戏曲演出就是最重要的传播手段，尤其戏曲演出在下层社会是广有影响的。因此，晚清的戏曲改良者们都会很热心地来编演传播新思想的新戏，这也是很重要的原因。不过《大公报》没有像《顺天时报》那样主张新戏和旧戏文明竞争，它的想法是应该借助官方的力量，尽快推行新戏，把迷信的、淫秽的旧戏一概禁绝，风俗就可以改良。虽然思路不同，但都可以看出来，他们对新戏改良是充满热情的。

经过这些报纸的不断追踪报道，田际云所编的《惠兴女士传》获得了很大的成功，在他的带动下，这个新戏的演出是一波接着一波在北京展开，形成了一个热潮。在这样的潮流引领下，后来戏曲界又编演了很多的新戏，比如像梁漱溟的父亲梁济，他当时也编了一出女子爱国的新戏，这个戏也是在《惠兴女士传》上演以后很快推出的。还有比如当时和《惠兴女士传》同时演出的叫《潘烈士投海》的新戏，是跟《惠兴女士传》同时在福寿堂演出的。这都是为了义务演出临时编出来的戏，这些戏后来还不断地演出。不只是戏曲演出形成了一个热潮，包括鼓曲（在北京鼓曲演出也是晚清很流行的一个娱乐的方式，也很受欢迎）也编了很多新的曲子，有的劝人爱国，有的劝人合群，有的劝人办学堂，有的劝人办工商业。这些鼓曲的爱好者们也表示，他们的演出也要学惠兴的演出，卖座的钱一半归"国民捐"，一半用来帮助办学堂。我们从这些报纸的反应可以看出来，《惠兴女士传》的演出开启了北京改良戏曲和排演新戏的新风尚。这是第四节。

第五节，讨论一下福寿堂义务戏演出总体的情况。这个戏因为京城各界积极参与，所以大获成功。从演员的情况来看，因为田际云在本行业很有地位，他登高一呼，应者云集。从当时登出的《演戏诸善事姓名》（就是演员名单），我们可以看到，这个演员名单不算田际云的演出和另外《潘烈士投海》的票友演出外，演员名单还有 67 位，很多当时最著名的演员都参与其中。我们可以念几个名字，到现在都是响当当的，像谭鑫培、汪贵芬，还有侯俊山——就是在田际云之前的非常出名的梆子戏花旦演员，还有王瑶卿、姜妙香、龚云甫这样一些京剧界非常有名的演员也都在场上有演出。除了演员的演出，他们还有捐款，比如谭鑫培唱戏之外，还捐了 20 两银子给"妇女匡学会"。这个举动也被《北京女报》大加称赞，认

213

为他是又出人力，又出财力，这真是文明到了极点，说欧美各国热心人士也不过如此。那时候都觉得欧美的人尽义务或者说搞慈善胜过中国人，现在中国人已经能比得上欧美了。

这三天的戏，我们介绍一下演出的情况。都是上午11点开演，到夜里2点钟才散场。根据当时留下的戏单，我们可以看出，这三天一共唱了61出戏。除了新戏还有很多传统戏，这些传统戏，加上刚才说的名演员，差不多都是名角名戏，演出可以称得上是"空前绝后"，这是当时报纸的一个评论。而且不只是戏曲界和报界的人对这个事情非常热心，学堂里的人，身在学界更是不甘落后。在福寿堂演出现场，可以看到一批女子学校的教员和学生，她们学西方的、日本的慈善会，自己出钱买了一些干鲜果品和烟卷，挨个桌子去送，其实是让人家买。当然她们也去演说兴女学、办女学堂的道理。这些人一边是买，一边是捐款，由此主办者得到了不少的募捐款项。除了女学界、戏曲界和报界，就连当时北京的警察也参与其中。这些警察主要是来自外城巡警总厅（当时北京有内城、外城，内城就是东城、西城，外城是宣武和崇文）。由于当时演出地在前门一带，这是归外城巡警总厅管的，所以他们在演出之前也发了一个白话文的布告说，我们做地方官的对义演兴女学的事情很支持，看到请示就批准了，而且到了那三天演出的时候我们都要到现场维持秩序，表示也要参与这个活动。这个告示本身也对义演起到了一个宣传的作用，通过官方白话布告的发布，把"匡学会"的意思进一步说明白，号召妇女都来关注这个殉身办学的动人事迹，号召女性都去看戏接受一番教育。我们可以看到，警察界在当时也是一个文明新政的局面，和以前的地方衙役是不一样的。并且他们的着装、他们的功能都是按照西方的标准设置的。1906年5月《惠兴女士传》再次演出的时候，外城巡警总厅还专门给田际云颁奖，奖了他一块银质奖章，奖辞中说到，因为他演这个新戏获得了很好的反响，希望他以后"仍当多排新戏，激发人民爱国思想"，这样才不辜负警察厅提倡表彰他的用意。从这些情况可以看出，在当时，北京的警察对新戏演出也是非常支持的。

就这样，在各界人士争相称许、共同努力之下，演出最后可以说是功德圆满。根据最后"妇女匡学会"公布的数字，这次募捐所收到的款项除去一些必要的开销，总共有 3174 块 1 角，比最初那 9 块大洋不知是多了多少倍。这些钱对后来贞文女学堂的继续兴办起到了很大的作用，这个学校后来为了纪念惠兴就改为惠兴女学校。北京这次募捐活动所筹集到的资金，在一段时间内，成为杭州惠兴女学校的重要依靠。尽管当时当地人也有捐款，但是数额只有 1700 多块，和 3700 多块是不能够相比的。本来按照当时杭州将军的意见，捐款来了以后，通过一个他指定的票号寄过去即可，但是北京这批人是做事做彻底，他们觉得能省就省，还是最好把所有的钱都省下来给贞文女学堂用更好，最好把汇费也省了。他们到处找，最后找了一个票号，愿意替他们做这件事情，免收汇费，最后当然就皆大欢喜。从这儿也可以看出来，北京的这批热心人替杭州贞文女学堂设想得是非常周到的。而演出的观看者也涵盖了各个阶层，从当时的报道可以看出来，不只是有名门闺秀，有外国命妇（所谓外国命妇，就是外国使馆或者是大学堂教师的夫人），还包括了一些著名的妓女。捐款的人中甚至还有女仆，就是那些打工阶层，她们都来捐款。有一些女士由于各种各样的原因，并没有到现场看演出，但是她们或者直接或者间接地向"妇女匡学会"捐了款。为什么《惠兴女士传》的演出有这样大的号召力，能获得这样广泛的支持？我想可以借用《京话日报》的主编彭翼仲的话，他说，北方人热血比较多，办公益的事就需要热血多的人才能够成功。说北方的风气开得慢，不像南方，但是一开可就大明白，北京人一懂就彻底明白了，绝没有躲躲闪闪的举动，比较南方民情直爽得多。这是他从北方的地域特点、风土民情来论述的。我觉得这个论述很能够让我们理解北京风气变化的原因。

当然，对田际云的演出不是仅有一些正面的评价，在当时也有一些非议。简单说就是两条，一条是对他们的演出目的抱有怀疑的态度，有的人认为他们的演出其实是假公济私，是为了自己捞钱。比如有一个人就说他曾经去问董竹荪，就是修改《惠兴女士传》的这个人，董竹荪后来写了一篇文章叫《形迹可疑》。为什么叫《形迹可疑》呢？有一个人偷偷摸摸地来问他，这三天戏你能剩下多少钱，大概总有几百块吧？董竹荪非常委屈，非常愤怒，觉得受了侮辱。他写的《形迹可疑》就是为了揭示这些唯利是图的人的心理，在他们看来，什么都是为了钱，如果不是为了钱，费力又搭工夫，可能还要赔钱来做这个事，他们觉得不能理解，这真叫"形迹可疑"。董竹荪就干脆自嘲"形迹可疑"。这说明当时确实有这样的一些人对义演募捐的活动有误会，但这种误会毕竟还可以解除，因为当时"妇女匡学会"筹办的时候，他们订立的章程规则第一条就规定，办演出的人是不经手经费的，他们指定专门的票号来管理账目，这一点猜忌董竹荪他们都是说清的。还有一种误会，或者说是一种中伤，是来自戏曲界内部，有人对新戏产生非议。报纸上报道说，有一个人爱听戏而且也会排戏，就有人跟他说，先生你何不也排几出新戏，借这个戏点化点化众人，对国家也有好处，也显了自己的手段。这个人听了以后，把眼一瞪，嘴一咧，摇了几下头，叹了一口气说，我虽然喜欢排戏，但是不懂什么叫新戏，大概是小生出了

讲座丛书

台就说爱国小生是也，花旦出了台就说爱国花旦是也。这个花旦就是明指田际云，田际云就是演花旦的嘛。他说这种酸戏我不会排，我替田际云打算，他唱戏也就罢了，何必又想着要立学堂？还不如就安分守己吧，你就是一个戏子你就好好唱你的戏，那学堂关你什么事？他还说，田际云的学生到底是念洋文呢，还是学算术呢，还是要照旧要教他们戏曲呢？他的意思就是，田际云你自己带的徒弟，跟着你当然只能学戏也不能学别的嘛！学生毕了业以后还能够进大学堂吗？这里是指京师大学堂，北京大学的前身。从你这儿毕了业，也不可能上京师大学堂去，难道你还想凭这个混个一官半职，弄一个出身，改换改换门庭吗？就是说你难道还想去做官吗？不可能的事！这岂不是梦中做梦吗？这是对田际云演新戏的看法。从戏曲界里面的反对对他造成了很重的伤害，因为这种否定的意见你还没有办法驳他，无从说起。所以，从这个人的角度来讲，他显然还是完全把戏曲界看作是一个贱业、卑贱的行当，认为你一个戏子居然也有士大夫同样的想法，也要去爱国，也要去为国忧心，这是不安本分的举动。田际云的义举反而被他看作是无赖之举，认为是无理取闹，这个话我觉得在当时其实有一定的代表性。因此田际云后来编演新戏在传统的戏曲界里面应该说也是有相当大的阻力。当然从这儿也可以看出来，田际云确实是有灼见、敢于进取的人，是一个不平凡的戏曲演员。

最后一节，第六节，我就想讲一下，以戏曲改良风俗。这是想对《惠兴女士传》演出之后，在社会风俗改良方面产生的影响做一个简单的分析。因为这个活动不只是对贞文女学堂的复活和延续起了作用，在北京的社会生活里也发生了重大的影响。这个影响我分四个方面来讲。

第一个方面就是由田际云开启的这种演义务戏的模式，

后来不仅是用来筹款助学,也和很多公益事业联系在一起进行。比如第二次《惠兴女士传》的演出,在 1906 年 5 月,他在大栅栏广德楼重新演出的时候,就提出了要响应"国民捐"。这个广告里写着,除了这次演戏的票款全部捐出来,每座要还另加 500 文钱,这是给"国民捐"的。另外,其他的演出后来都跟着上,好多都是为"国民捐"演出,大家都不收钱,都是义务演出。除了"国民捐"演出之外,碰到水旱灾害,像江北的水灾和直隶的灾害,田际云都有义务演出,给这些受灾的灾民募捐。这在当时几乎形成了一个惯例,捐款的时候,戏曲演员是一个必不可少的角色。1907 年 2 月,在北京成立"戒烟普人会"(劝大众不要吸鸦片烟的组织)的时候,最先想到的也是请梨园戏班来演出。所以,我们说戏曲界在晚清北京的社会改良里面已经是一个不可缺少的力量。

第二个方面,《惠兴女士传》的演出也开启了一个演说和戏曲结合的新的表演形式。演说,刚才我们说了,在南方,报纸、演说都是有很重要的启发民众的作用的,在北方,演说就更为重要。梁启超曾讲到过,在晚清启发民智有三大利器,三个能够传播文明的最好的方式,第一个就是学校,第二个是报馆,第三个就是演说。他还解释了一下,识字多的人就利用报纸来启蒙,识字少的人就只能多用演说来启蒙。所以演说在北京是很有市场的。在 1906 年 3 月 29 日,就是福寿堂《惠兴女士传》开演之前,首先就由《北京女报》的张展云做了一个演说。他的演说是要讲明这次演出的宗旨和"妇女匡学会"成立的宗旨。他开头就说,今天是光绪三十二年三月初五日,是我们"妇女匡学会"开会演戏的头一天。接下来他讲了惠兴的事情,他们办"妇女匡学会"的目的。最后讲到,我如今还有一句话要说给众位听听,女学是强国的根本,惠兴女士是为女学死的,我们要成全她的志向,还得大家设法多立女学堂,不能办学堂的设法帮助学堂。假使惠兴女士这一死,能把全国女界都唤醒,全国女学也就由此振兴,那才是本会的大愿心呢。也就是说,办"妇女匡学会"不只是为了完成惠兴的遗愿,也是希望唤醒全国的女界,大家都来振兴女学,这是"妇女匡学会"最大的目标。所以,通过这样一种戏曲演出和演说相结合的方式,合并使用,效力就更强。从福寿堂开始,这样的一种演说加演出的形式,因为适合北方观众的欣赏习惯和心理,后来在一些具有特定目的的戏曲演出中就常常使用。比如我们刚才提到的《惠兴女士传》为"国民捐"筹款的时候,应田际云的邀请,有三位北京志士三天都到剧场里来对民众发表演说,这三位的名字是张展云、彭翼仲和王子贞,而且广告里特别说明了,是要他们来演说戏文,"特请张展云、彭翼仲、王子贞三君登台演说戏文"。实际上他们三个人演说的题目是不一样的,第一天在广德楼演出的时候,彭翼仲讲演的是他们为什么要办"国民捐"这样一个演出;第二个是王子贞,就是"国民捐"的发起人,他就演说"国民捐"的历史;第三个演说的人就是张展云,他演说《惠兴女士全传》,把惠兴女士的故事讲一遍。演说完了新戏开场。在这样的舆论引导下,观众当然很容易进入情景。因此,这个演说是开创了一个新的风气。所以后来外城巡警总厅给田际云颁奖的时候,其实不只是表彰他新戏的演出,同时也是表扬他演出的效果非常好,不只是演出,还请了绅士演说,取得了良好的效果。演说这个情况我们也举一个例子,5月27日,是王子贞演说,他说了一个字,这个字很怪,谁也不认得,是把家放到国里去了,是一个新造出来的字。东安市场当时有个讲报处,有个人为了劝导"国民捐"造出这么个字来。王子贞演说的时候就发挥这个字的意思,把它解释为"我"。这本来是个无音字,他说是"我"。第二天28日,彭翼仲就接着王子贞的话讲,讲文字与国家的关系,他就讲王子贞讲的这个话,人人别忘了我,人人就有了国家思想,因为这个家已经在国里头了,你不忘记你自己的家你就有国家思想了。然后整个演讲就畅想了一番,说中国如果将来模仿日本明治维新,国家强盛了以后,在世界上都可以扬眉吐气。他讲这种盛大的场景,说你看各国的学堂,那个时候也都要看中文,请了中国教习,无论欧洲、亚洲、南北美洲,各国学生都在讲堂张着大嘴,跟着中国教习(就是教师)学着念到,我我我我我我我,连念了七遍。我们可以想象他在演说的现场讲这一番话的时候,肯定可以取得让观众热血沸腾的效果,而且会张大了嘴跟着他一起念这个"我"。这种演讲对促进国民的爱国热情、踊跃捐款,可以起到积极作用。

这个演说还有一次在《惠兴女士传》里面表现出来。值得一说的就是1907年5月8日那场演出。那一天杭州惠兴女学校的总办贵林也到北京的演出现场来看这出戏。在戏演到戏中的贵林宣读惠兴祭文以后,张展云就上场了,对观众说,演戏的这个贵林是假的,现在杭州的真贵林来了,请他上来报告一切。于是贵林就上场对观众们进行现场演说。戏曲里面的人物真实地出现,而且发表演讲,显然可以沟通戏内和戏外的情节,当然会引起观众极大的兴趣。并且他所报告的杭州惠兴女学校后来发展的情况,也可以使得戏曲向当下的情境延伸,就是说不是只限制在戏台所表现的情况,连现在的情况也可以通过演说报告给观众们。所以说,演说这种形式在晚清的戏曲舞台上,尤其在北京是独创的,后来也成为非常流行的形式,这也是《惠兴女士传》开启的。

第三个方面的情况是《惠兴女士传》的演出也开创了妇女听戏的新风气。所谓妇女听戏,就是说女子过去不是不能听戏,但基本上只能在家庭里或者是由家族包场在大饭庄听堂会戏,不能进入戏园子里去听戏。在《惠兴女士传》演出之前不久,外城的卫生局还发过一个告示说,现在风气还仍未大开,不准签卖女座。说明戏园子是不准卖女座,不能给女子进入的。当时张展云筹办演出的时候也特别做了声明,这个演出只卖给女士,不卖给男士。而且从演出地点的改变也可以看出这个问题,刚才说他本来是想在湖广会馆演出,后来为什么改到了福寿堂来演呢? 因为湖广会馆虽然也有专门的演出场所,但是会馆还是给同乡提供住宿的地方,如此一来,人员混杂,不利于隔绝。改到饭庄以后,可以把饭庄包起来,男客不能进入,这就符合传统在饭庄演堂会戏的旧惯例。改变地点,也是他们出于谨慎考虑。尽管"妇女匡学会"也是很小心地操作了义演的事情,但是福寿堂的演出毕竟是打破了常规,因为这不是一个家族聚会,是卖票的,仍然是一个公众性的演出,因此在这点上也为后来的女子进戏园打开了一条通道。我们看到《北京女报》后来有一个报道就说,杭州惠兴女士死后,因为本报的提倡设立了"妇女匡学会",而且演戏卖了女子的座位,为惠兴女学堂筹款,从此开创了义务戏的头。这个当然是从义务戏的角度讲,但是后来为了公益的事,唱戏卖女座跟着一起,妇女听戏就不那么稀罕了。以前妇女都是在家里,不能买票听戏,现在妇女也可以进入演出现场(演出现场还是有一定的区隔),观看专场演出。到后来,1907年北京新开张的文明戏园又做了一个变通,经过警厅的批准,把楼上楼下分开卖,楼上是专门卖女座,楼下是男士专座,这样就使得女子也可以正当地走进戏园里听戏,虽然还是分区。既然已经开了男女同在一个戏园的先例,分区这种限隔当然也是最终可以被打破的。所以,我说《惠兴女士传》的演出售票是开启了妇女最终进戏园的新潮流,使女性获得了在戏园里听戏的正当权利。

第四个方面,这次演出本身也在推动女子教育方面起到非常重要的作用。一方面是为女学思想的深入人心,起了很大的作用。因为除了戏本身,包括报纸等等都在宣传女子教育是当务之急,这个舆论在北京一时也被很多人接受。到了1906年4月3日,就是首演以后,《大公报》就已经把北京女学的发达和惠兴的死,与"妇女匡学会"的设立联系在一起。我们就可以看到,在演出之后,北京女子学堂的设立确实是接连出现。当时《大公报》的报道就非常明白,隔几天就有一个女子学堂出现,这跟演出有直接的关系。另外,不仅民间社会受到戏的感染,促进女子学堂的诞生,而且这个戏的演出对清廷最终做出开放女学的决策也起到很大的作用,这是这次演出的潜在影响。张展云当时办女学堂的时候,其实希望通过清政府对惠兴的表彰来提倡女学,但是这个目的其实没有达到。他虽然通过了一些内廷当差的给慈禧太后送上了惠兴女士的照片,但是最后等表彰令下来以后,并不是如他所愿的"惠兴为国捐躯",而是表扬她作为寡妇15年守节抚育儿子的成长,这和他的初衷是相左的。

　　在《惠兴女士传》演出以后,1906年6月6日,内务府传集北京戏班子及著名的演员到宫中演戏,其中就有《惠兴女士传》,当然是田际云演。因为这是进宫廷的演出,看戏的都是些王公贵族,戏中所宣扬的思想对他们思想中的女学认识是有作用的。特别是宣传惠兴女士事迹的《北京女报》,根据当时的记载,它是慈禧太后每天都看的一份报纸,慈禧太后看了这个报当然也会对这个事情有所关注。到1907年3月,清朝学部终于颁布了女子小学堂章程和女子师范学堂章程。这两个章程的颁布证明了清政府正式把女子教育纳入合法的教育体制当中,并要求地方官要给予保护了。这期间《惠兴女士传》确实起到了推进的作用。

最后为这个《惠兴女士传》的演出做一个总结。我先借用张展云给贵林的话来讲。他说这次特别的举动是在北京这个腐败中心举办的,没有出意外之事,而且捐款踊跃,捐了3700多块钱,这是始料不及的。他特别赞扬田际云,认为他在这中间起到了最大的作用。这个信是张展云写给贵林的私人信函,并不是发表的,所以他对田际云的评价应该是非常中肯,是出自内心的很高的评价。另外,从整个戏曲演出的情况来看,《惠兴女士传》的演出开创了报界、学界和戏曲界相互支持的一个新型的关系,使得一向被人家看不起的、受轻贱的戏曲界在晚清的北京城也成了一个沟通和联络上下层社会的必要中介。借助戏曲的力量,文明戏的演出在当时起到了启蒙的作用,在天子脚下的京城大力地推广新思想,为推行新政做了很好的铺垫。所以,从这个角度来说,晚清的戏曲改良,尤其是田际云创演新戏以来,文明戏的演出活动对北京的社会改良确实起了极大的作用。

提问:我想请问一个问题,刚才您提到这部《惠兴女士传》的剧本已经散佚很多,我想知道,这出戏当时有那么大的影响,造成那么大的轰动,而距今才刚刚 100 年的时间,为什么会出现这样的情况?

夏晓虹:虽然剧本散佚,但是演出是一直在进行。晚清的剧本并不是最重要的,我们知道很多传统戏演出都没有剧本,都是靠艺人之间口耳相传,一代代传下来,所以这个剧本可以保留一部分已经不容易了。这个戏在《北京女报》有连载,后来在杭州惠兴女学校的校刊《惠兴女学报》也有转载,所以现在我们能够看到一部分。但是,看到一部分不表示只演出了这一部分。是全场演出,而且是不断地演,不仅在北京演，也去天津演。所以，在北方地区有很大的轰动效应。这跟报界的努力、报界的宣传和戏曲演员的名声都是有关系的。我简单说一下，惠兴女士办的这个学校现在还有，在新中国成立以后改名叫杭州第十一中学，前几年又重新把这个校名改回来，现在叫杭州惠兴中学。前面那条路就叫惠兴路，那个周围就是当时清朝的八旗驻军的地方，现在当然看不出来了。

国家图书馆出版社简介

国家图书馆出版社，原名书目文献出版社，1979 年成立。1996年更名为北京图书馆出版社，2008 年改为现名。

本社是文化部主管、国家图书馆主办的中央级出版社。2009年 8 月新闻出版总署首次经营性图书出版单位等级评估定为一级出版社，并授予"全国百佳出版单位"称号。

建社三十年来，依托国家图书馆的丰富馆藏，并与各图书馆密切合作，形成了两大专业出版特色：一是编辑出版图书馆学和信息管理科学著译作，出版各种书目索引等中文工具书。二是整理影印中文古籍等各种稀见历史文献；此外还编辑出版各种文史著作和传统文化普及读物。

国家图书馆出版社设有社长总编办公室、财务部、营销策划部、古籍影印编辑室、图书馆学情报学编辑室、综合编辑室、文史编辑室、中华再造善本编辑室、发行部、储运部等部门。